最高の上司は、何も教えない。

自分も部下も結果がすぐ出る マネジメントの鉄則43

The ultimate boss doesn't teach anything.

元ケンタッキー人財育成コーチ
みらい創世舎代表取締役
森 泰造 Taizo Mori

ビジネス社

はじめに

私はいま、建設会社や美容院、あるいは漢方サロンなどのコンサルティングをするかたわら、マスコミやIT、美容、アパレル、介護から学校、役所に至る、幅広い分野で研修を行っています。テーマはすべて、「これからの時代、上司あるいはリーダーとしてどう生きるか」というものです。

詳しくは本文に譲りますが、近年とりわけ若い人が管理職、上司、リーダーになりたがらないというニュースをよく見ます。たしかに、その気持ちはわからないではないですが、**労働者のうちおよそ9割がサラリーマンというこの日本で働いている限り、上司になる日は、いつか必ず誰の身にも訪れる**わけです。

逆に考えれば、未だかつてないチャンスの到来とも言えるのではないでしょうか。これまでは上司の席の〝奪い合い〟だったのが、これからは〝譲り合い〟になっていくわけですから、**早めにそのスキルや意味、そして、あるべき姿を知り、上に立つことこそが、会社とウィンウィンの関係を結び、仕事をより充実させる最短の近道になる**のです。

私が、こうした上司としての働き方、生き方を学び、伝え続ける原点となったのが、いまから20年前、日本ＫＦＣホールディングス㈱、つまり皆さんご存じのケンタッキーフライドチキンで店長をしていたときの経験です。

当時、年間１０００万円を超える赤字店舗に、突如、配属を命じられました。「なんで自分が……」と、非常に落ち込みましたが、会社の命令なので致し方ありません。

コスト削減のため、あの手この手を尽くしました。だが、人件費も減らした結果、もはやアイデアを出せる参謀すらいません。追いつめられた私は、ふとひらめきます。

「店長と同じ意識で動け、同じような仕事ができるアルバイトを育成すればいい」

アルバイトをアルバイトとして見るのではなく、経営に参画している一員として考える。その意識でともに仕事をしていけば、自分だけしかできないことが減り、余裕もできるとともに、店舗改善のさまざまなアイデアも生み出せる。そう考えたのです。

そこで、アルバイトのリーダー的な存在の３名を集め、希望や不満を聞いたのち、私自身の黒字化への思いに協力してほしいとお願いしました。そして彼らを社員同様に扱い、期待する役割を伝えるとともに、意見を求め、店内会議も仕切ってもらったのです。

私としては彼らに指示命令することを極力控え、常に彼らが自分の頭で考えるよう、見たままのこと、気づいた点だけをフィードバックしました。

すると、彼らは自分なりに店長目線で考え、行動するようになり、他のアルバイトにも「店長目線で仕事を見てみようよ」と、私が言わなくても働きかけるようになったのです。

その結果、サービスから顧客の質までがガラリと変わり、何とわずか1年ちょっとで店舗を黒字化することができました。まさに、**時給８００円のアルバイトが店長クラスの時給３０００円超分、つまり生産性４倍の仕事をしてくれるようになった**おかげです。

これ以降、私は**「教える」ことなしに、徹底的に人の可能性を引き出す**ことに焦点を当てて、他の店舗でも実績を上げてきました。管理職になってからもその手法を部下に伝え、人財育成コーチとして、ついには**飲食業として異例の離職率０％を達成**したのです。

そして独立してからは、現場での経験と心理学、コーチングの理論をかけ合わせた、「誰でも再現できるリーダーシップメソッド」を、全国のリーダーたちに伝え続けています。

リーダー、管理職の求められるものは時代とともに変化してきています。

指示命令一辺倒で人を引っ張っていく手法はもはや通用しません。多様な働き方に対応し、ハラスメントやメンタルヘルスの問題にも注意を払いながら、会社や上司が求める成果に、いまのリーダーは応えていく必要があります。

同時にリーダーには、会社の未来をつくる人財を育成する大事な役割があります。部下が「この会社をもっとよくしたい」「成長したい」と思えるように導く責任があるのです。

こう述べると、「やっぱり才能もないしリーダーの役目は向いていないな」と思う方いるかもしれません。しかし、忘れてはならないことがあります。

それは**リーダーシップは「才能」ではなく「テクニック」**だということ。ですから、やり方・ノウハウを理解し実践を積み重ねていけば、誰でも必ず身につけられます。

もちろんエラーが出るときもあるでしょうが、実践とエラーの繰り返しというプロセスのなかで、間違いなくあなたの引き出しがどんどん増えていくのです。

本書には、そうしたノウハウがぎっしりと詰まっています。それらを一つひとつ、自分のものにしていってください。きっと、あなたのなかに眠っている潜在能力が引き出され、あなた自身の仕事、そして人生がより豊かなものになるはずです。

目次

第2章 身近な部下とのコミュニケーションに潜む大きなチャンスと意外なワナ

第3章 揺るぎなき強い組織へと チームを引き上げる リーダーの「こだわり」

第4章 ムダだらけの「会議」が「成長エンジン」に生まれ変わる逆転のファシリテート術

第5章 面倒だけど力になる、知っておきたい上長の上手な「使い方」

第6章 判断力、決断力、実行力がさらにアップする、自分自身の磨き方

第1章

イヤイヤながら上司になったあなたが、まず最初にやるべきこと

鉄則 1

リーダーの1日で一番大事な「未来を考え、つくる時間」を必ず確保できる段取りをする

――「緊急」と「重要」のバランスから優先順位を導き出す――

技術職やプレイヤーとして仕事をしていた頃は、目の前の自分の仕事に集中していればよかったかもしれませんが、管理職になるとそうもいきません。

部下の仕事を管理するだけではなく、他部署と会社の新たな取り組みを考えるプロジェクトに入ったり、上司からの要求に応えたり、また、報告書や稟議書《りんぎしょ》を書いたり経費の精算をしたりと、大小さまざまな作業にも時間を取られてしまいます。

そうこうしているうちに部下の不始末の報告を受けたりすると、1日なんてあっという間に終わってしまうでしょう。

この「やらなくてはならないこと」だけで1日を終えてしまうと、部下育成や、チームの成長を考え実践するための時間が取れなくなってしまいます。

ところが、目の前のことだけを考えていると、知らない間に会社に振り回されることに慣れてしまい、「特に問題が起きなければそれでよし」と考えるようになってしまうのです。これは〝危険信号〟というか、管理職として〝アウト〟といってもいいでしょう。

上長の顔色ばかりをうかがって部下育成など眼中にない「ヒラメ管理職」や、絶えず上司と部下の板挟みになっている「中間板挟み管理職」になるのは絶対にNG。これでは、やりがいもなく、疲弊するばかりです。

そうならないようにするためには、自分のチームが何を大切にし、どんな組織を目指すのかを明確にし、その目的やビジョンをメンバーと共有して、目標に落とし込んで実践したり研修したりできる**「未来を考え、つくるための時間」を確保する**こと。

この時間を、あらかじめ必要なスケジュールとして〝予約〟しておくのです。主体的に、意図をもってこの時間を確保することで、チームの未来を考え、計画することができます。

では、一体どうすればいいのでしょうか。

スティーブン・コヴィーの名著『7つの習慣』を読んだことがあるでしょうか。同書の「第3の習慣：最優先事項を優先する」の時間管理マトリクスにおける「第2領域」が、まさにいま述べた「未来時間」にあたります。

時間管理マトリクスでは、タイムマネジメントを4つの領域に分けて行います。

第1領域：重要で緊急な事項

↓苦情対応などがこれにあたります。最優先で取りかからないといけません

第2領域：重要だが緊急でないこと
↓人財育成や未来を考える時間、研修など
第3領域：重要ではないが緊急なこと
↓時間は決まっているが、さほど重要と思われない会議やメールなど
第4領域：重要でなく緊急でもないこと
↓必要と思えない商品やサービスの売り込みメールや営業電話など

人は緊急なことには「やらねば」と反応しますが、緊急でないことは「いつか時間ができたときにやればいいや」とついつい思いがちです。しかし、この考え方だと、いつまでたっても未来をつくる時間は確保できません。

ですから、毎週15分でも20分でもいいので、主体性をもって未来をつくる時間を確保しましょう。ちなみに「主体性をもって」というのは、どんな環境であっても自らの意思と考えに基づいて行動するということです。

「忙しくてそれどころではない」なんて言っていると、半年後には「ヒラメ管理職」「中間板挟み管理職」というダークサイドに落ちているかもしれません。

しかし、きちんと**未来を考える時間をキープし実践できれば、半年後、1年後に大きな成長と成果を手に入れることができる**わけです。

「チームの未来をつくる」ことに挑戦したことにより、管理職やリーダーには欠かせない「チームをつくる技術」を習得するプロセスを経験したことになります。

なぜなら、「チームの未来をつくる」という目標を具体的に考えるということは、すなわち、自分のチームがどうあるべきか、そしてどう変化すべきかを検討するプロセスにほかならないからです。

このプロセスを別の言葉に置き換えるなら、まさに「チーム・ビルディング」そのもの。つまり、ここで**時間をかけた分だけ、管理職やリーダーには欠かせない「チームをつくる技術」が高まる**というわけです。

この技術は、あなたの仕事人生において心強い味方になってくれますし、会社が管理職に期待する大切な能力のひとつでもあります。

あなたは、どちらのリーダー人生を選択したほうがいいと思いますか？

鉄則

2

上司初日でやってはいけない大上段からの目標設定と、やるべき現状認識のメソッド

——観察→質問→フィードバックが信頼づくりへの第一歩——

それまでプレイヤーだったあなたが、管理職としてチームを任された初日。ついつい意気込み大上段にかまえて自分の〝ポリシー〟を伝える人もいますが、あまり感心できません。もちろん、最低限これだけは大切にしてほしいこと、たとえば「期限は守る」や「困っていたら助け合う」といったことは伝えたほうがいいでしょう。しかし、「私が来たからには、日本一のチームを目指す。前任者の言っていたことはいったんリセットし、私の言うことだけを信じてついてきてほしい。わかりましたか！」

なんてことを言ってしまうと、部下はかえって身がまえてしまいます。

当然、**初日はまだ信頼関係もできていない状況ですから、発言の真意などまず理解されず、表面的な部分しか聞き入れてもらえません。**

実際、かつて私の上司がそれをやってしまい、とりあえず彼の前では「はい」と返事をしたものの、同僚たちは一様に裏表のある態度をとるようになったのを目の当たりにしたこともあります。

忘れてはならないのは、管理職の仕事の優先順位第1位は、部下を成長させながらチームとしての成果を挙げていくということ。そのためには、まず現状を理解しなければいけ

何を求めているのか。現状と将来のあるべき姿を、上長や担当役員、社長などに聞いたうえで、理想形を描きます。

と同時に、チームのリソースとなる部下や過去の事例、データを理解することも重要です。そのためには、まず部下については〝観察〟すること。そして質問とフィードバックを繰り返して、その部下の本当の姿を理解することが、上司の大事な〝業務〟となります。

プレイヤーのときは、人を観察する経験などなかった方が大半かもしれません。とりわけ技術畑出身の人は、いろいろと部下に口出ししたくなるものです。

問題が発生しないようにアドバイスすることは大切ですが、やりすぎると部下の主体性を育てる機会を奪ってしまうことになりかねないので、まずはしっかりと観察することが大事なのです。

人を見るポイントは次の3点です。

①部下がどんな行動をしているのか
②その結果どうなっているのか
③そもそも行動するにあたり、どんな意図をもっているのか

まずは、一人ひとりと面談し、右の3点を確認してみてください。ただし面談だけで済ますのではなく、その後も、そこで聞いた内容が行動と合致しているかどうかを、よく観察すべきです。

「観察→意図を確認する質問→フィードバック……」を繰り返していると、部下のことがよく理解できるようになり、現有メンバーをどう生かしていけば理想のチームがつくれるか、イメージもつきやすくなります。

また、意図を確認する質問とフィードバックを通して、部下のことを理解しようとする上司の意思、気持ちが相手に伝わるでしょう。これは、**部下の安心感を生み、新しいチャレンジを生み出すチームのエネルギー源となる**のです。

人は不安を感じていると行動がなかなかできませんが、安心感がある環境だと好奇心や挑戦心が芽生えやすくなります。そこに共感できるチームの方針やビジョンがあれば、何をすべきかイメージもしやすくなるのです。まずは「観察→質問→フィードバック」から、部下の主体性を生かす環境づくりを始めてみましょう。

鉄則3

上司として着任したら まず考えるべき「組織目的共有」「貢献意欲」「相互理解」の3要素

――ドラッカー、ロビンズ、バーナードの教えを使いこなす――

当然のことながら、上司には上司の役割があります。管理職の場合、目の前の業務に対応しながらチームとして成果を挙げるといった短期的な役割と、会社の将来を担う人財を育成するといった長期的な役割を担っています。

この二律背反するような役割を頭では理解しつつも、会社のプレッシャーを感じたり社内の人間関係などを気にして、ついつい〝短期決戦的な解決策〟にばかり、目を向けてしまいがちです。そのため、なかなか思うように部下やチームを動かせず、成長させられないジレンマを抱えている管理職の方が多いのではないしょうか。

アメリカの電話会社で20年にわたり社長を務めた経営者であり、経営学者でもあるチェスター・バーナードは、著書『経営者の役割』で、組織を成立させ存続させる要素として次の3つを掲げました。

①　共通の目的を持っていること（組織目的共有）

②　お互いに協力する意思を持っていること（貢献意欲）

③　円滑なコミュニケーションがとれること（相互理解）

60年以上前に世に出たものですが、理想の状態をつくり出すリーダーシップの要素が網羅されており、いまも多くの経営者に影響を与えています。上司として着任したら、まずこの3要素を基準にチームを考えるといいでしょう。

また、長期的な目標を設定する際に大切なことは2点あります。

ご存じピーター・ドラッカーの提唱に基づいた、いわゆるSMART（具体的で＝Specific、計測可能で＝Measurable、達成可能で＝Achievable、自分ごとになっていて＝Relevant、期限が明確＝Time-bound）基準で目標を立てるのがよく推奨されますが、さらに簡単にわかりやすくしたのが、次の2点、すなわち、

「基準を明確にすること」

「具体的な目標達成のイメージが描けること」

です。そのうえで、

「あなたのチームのメンバーは、共通の目的を持っていますか？」

「あなたのチームのメンバーは、お互いに協力する意思を持っていますか？」
「あなたのチームのメンバーは、円滑なコミュニケーションがとれていますか？」

といった問いを立ててみてください。これらの問いに対し、まず感じたままでかまわないので「最高」「優れている」「まあよい」「いま一歩」の4段階で評価してみましょう。どういう結果になったでしょうか。

この4段階の基準は、ビル・クリントン元アメリカ大統領をはじめ数多くの著名人のコーチングを行った、世界ナンバーワンコーチのアンソニー・ロビンズが提唱しているものです。ロビンズは、評価の段階によって得られる結果が次のように変わってくると述べています。

「最高の状態」だと得られる結果は「すべて」
「優れた状態」だと得られる結果は「まあよい」
「まあよい」状態だと得られる結果は「いま一歩」
「いま一歩」の状態だと得られる結果は「何もない」

恐らく、何らかの悩みを持っているリーダーの方は、現状を「いま一歩」と認識しているのではないでしょうか。となると結果は「何もない」となりますが、この段階では心配いりません。

本書で説明していくように、チーム内で信頼関係を築き、具体的な目標を立て、そして、そこに向かってメンバーが自発的に動けるようになる「最高の上司のメソッド」さえあれば、必ずや結果はついてきます。

ただし、よりはっきりとした目標達成のイメージを描くには、情報をプラスするのが大事。具体的には、この項目の冒頭で紹介した組織の3要素「組織目的共有」「貢献意欲」「相互理解」について、「環境」「行動」「能力」「信念」「存在」という観点から分析します。

たとえば、2番目の「貢献意欲」に関する「環境」について、

「どんな環境ならば、チームのメンバーが積極的に協力し合えるようになるだろうか？」

と問いただしてみます。

スタッフから、

理想のチームづくりのロードマップ

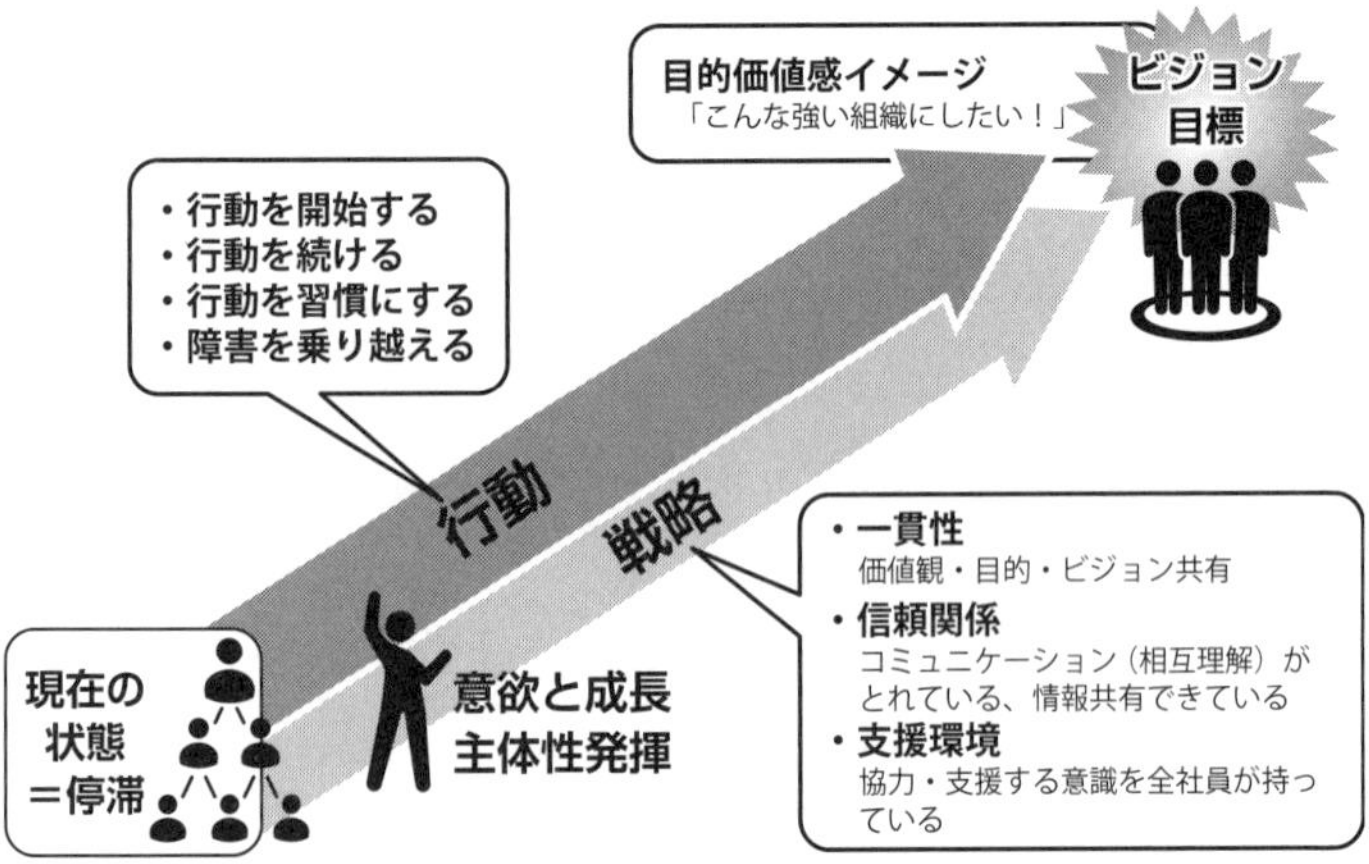

「協力し合っていることが認められたり、賞賛されたりするような環境」

というような答えが返ってきたら、次に

「この環境が最高の状態になるとチームはどうなるか」

をイメージする。そのうえで、

「いつまでに最高の状態にするのか」

という期限を決める。

このプロセスによって「貢献意欲」の「環境」について、組織の目標設定がおのずと完成します。

このように細かく設定し、イメージをより具体的にするのが大切です。そうすれば、あなたが考えるゴールに最速で近づくことができるでしょう。

鉄則 4

理想の部下やチームを描く前に、まず自分の理想をしっかりと考えることを習慣化する

――「ＢＡＦノート」を使って自分の理想像を描くことから始める――

自分自身が大事にしたいことをきちんと理解し、自分自身を信じられる。チームに対して出す指示も、すべて「自分自身がやっていることは正しい」という確信をもって実行している。これが、〝最高の上司〟としての大切な条件になります。

ところが、実は**リーダーシップに悩んでいる人ほど、「上司だからこうしなくちゃいけない」という思い込みにとらわれがち**です。では、本当に理想にかなった上司としての自分をつくるには、どうしたらいいのでしょうか。

私は企業向けの研修プログラムの一環として、個々のリーダーたちに必ず、

「研修受講以前の状態」

「研修を受講している現在の状態」

「研修が修了したあとの未来の理想の状態」

を質問し、シートに記入してもらっています。"Before""After""Future"の頭文字をとって**「BAFシート」**と呼んでいます。

それを応用し、試しに「現在の状態」を明確にしてみましょう。質問は、次の5つの要素になります。

①「環境」に対する現在を聞く質問
↓いま、あなたの職場環境はどんな状態ですか？
②「行動」に対する現在を聞く質問
↓いま、あなたはリーダーとして、部下に対し意識してどんな行動をとっていますか？
③「能力」に対する現在を聞く質問
↓いま、あなたはリーダーとして、部下にどんな能力を発揮していますか？
④「信念」に対する現在を聞く質問
↓いま、あなたはリーダーとして、どんなことが最も大切だと考えていますか？
⑤「存在」に対する現在を聞く質問
↓リーダーとしてのいまのあなたは、チームのなかでどんな存在ですか？

できるだけ質問には、客観的に答えるのがポイントです。
次に「こうありたい」という、将来像をイメージしてみましょう。

①「環境」に対する未来を聞く質問
↓あなたの理想の職場環境とは、どんな状態ですか？
②「行動」に対する未来を聞く質問
↓あなたはリーダーとして、どんな行動をとれていれば理想的ですか？
③「能力」に対する未来を聞く質問
↓あなたはリーダーとして、どんな能力が発揮できていれば理想的ですか？
④「信念」に対する未来を聞く質問
↓あなたはリーダーとして、どんなことが大切にできていれば理想的ですか？
⑤「存在」に対する未来を聞く質問
↓あなたはリーダーとして、どんな存在になると理想的ですか？

実際にセミナーで書いてもらったものを次ページに紹介しました。これを参考に、ひと通り自分への質問に対する答えを考えてみてください。いまのご自身の状態と理想の状態に開きがあることがよくわかると思います。

このシートのポイントは、自分の頭のなかを言語化して整理することで、自分が求める

BAFシートで自分の頭のなかを言語化するのが大事

【BAF シート】「私の面談前と面談後とこれから」　　氏名：ビジネス一郎

区分	Before（面談以前の状態）	After（面談後現在の状態）	Future（理想の状態）
環境	**「職場の環境や状態はどうであったか？」** ・課のビジョンを掲げた（だけの）状態で、メンバーはあまり関心を持てずにいた状態	**「どんな環境・状態になったか？」** ・ビジョンに向かうための要素（状態管理・方向性・主体性・支援環境）を現在構築中	**「これからどんな環境にできれば理想的か？」** ・チームメンバーがビジョンに向かって主体性を発揮し、いきいきと働く職場
行動	**「これまでの行動はどうであったか？」** ・課のビジョンを掲げたが、それ以上の行動ができていなかった	**「どんな行動をするようになったか？」** ・課のビジョンについてチーム内で語るようになった ・面談においてビジョンをベースにした目標を語るようになった ・行動支援を行うようになった	**「どんな行動ができるようになりたいか？」** ・他者の心を動かし、主体性を発揮させるためのコーチング、エンパワーメント、フィードバックなどの行動を大量に行う
能力	**「これまではどんな能力を発揮していたか？」** ・コミュニケーション、コーチングのスキルについて自分のやり方でやっている	**「どんな能力が身に付いたか？」** ・自己理解、他者理解をベースにしたコミュニケーションスキル ・コーチングスキルを面談や普段の会話で使える	**「どんな能力を発揮できるようになりたいか？」** ・どんな環境にあっても、ビジョンに向かって進むチームに変える能力
信念 価値観	**「何が大切であると考えていたか？」** ・ビジョンを持つこと	**「何を大切に考えるようになったか？」** ・信頼関係 ・理解－調和－創造－発展 ・主体性	**「何を大切にできていれば理想的か？」** ・信頼関係 ・理解－調和－創造－発展 ・主体性
存在	**「自分はどんな存在（あり方）だったか？」** ・マネジメントに向いていないと思い込んでいる存在だった	**「どんな存在(あり方）になったか？」** ・マネジメントスキルを身につけようと努力している存在	**「どんな存在（あり方）になれると理想的か？」** ・マネジメントに自信を持ち、楽しみ、他者にもよい影響を与えられる存在

環境、状態を具体的にイメージしやすくすること。

うまくいってないチームのリーダーのほとんどは、自分の考えを言語化できていません。「いいチームにしたい！」という思いはあるのでしょうが、「いい」とは具体的にどのような状況なのか。

ここを問うと、「売り上げが上がるチームにしたい」とか「主体性を発揮できるチームにしたい」といった抽象的なことしか、考えていないことがよくわかります。

しかし、実際に「ＢＡＦシート」を使って自分の気持ちを書き出してみると、いろいろな気づきが生まれるはずです。それを定期的にアップデートしていくと、さらなる未来のイメージ、あるいは課題が浮き彫りになってきます。

このプロセスは、まさに「セルフコーチング」と呼ばれるもの。

〝理想の部下〟や〝理想のチーム〟を描く前にまずセルフコーチングをして、〝自分自身の理想像〟を描くことから始めてみてください。

鉄則 5

育ってきた環境が違う人たちをガッチリひとつにまとめる仕事、生き方の理想のすり合わせ

――「初心忘るるべからず」に込められた本当の意味――

自分自身の理想像を考えるとなると、意外と悩んだり、迷ったりしてしまうこともあるかもしれません。ただ、あることを思い出すと実は自分が考える、仕事、職場環境の理想像がポンと頭に浮かんでくるはずです。

そのあることとは**「初心」**。

よっぽどイヤイヤ入社したのなら別ですが、そうでなければ、さまざまな期待や大切な思いを抱いて会社に入ったはずです。たとえば、「この会社が出した大ヒット商品みたいなものをつくってみたい」とか「世界を変えるという壮大な目標に共感した」などなど。

こうした**初心と理想像は、実は非常に親和性が高い**のです。ところが、忙しい日々を送るうちに、目の前の問題を片づけるのに一杯いっぱいとなり、入社後に抱いていた理想像は、いつのまにか、なおざりになってしまうのが大半ではないでしょうか。

しかし、本当に重要なのは、こうした理想像、あるいは「自分がこの仕事で一体何が大切なのか」という思いなのです。

なぜ、このような理想像探しが大事なのか。それは、**自分が「大切だ」と思っていることがわかれば、他人が大切にしようとしていることも理解できる**からです。逆に自分が本当に大切にしていることを意識できないのに、他人が大切にしようとしていることなどわかるはずありません。

そして、このお互いの「大切にしたいこと」をすり合わせ、ベクトルを合わせていくと、チームの力が格段に上がっていきます。なぜなら、大切にしたい思いの中身は人それぞれでしょうが、少なくとも会社、自分が働いている環境をよくしたいという基本軸が、共通項となっているからです。

ただし、ここで大事なのが、大切なことのすり合わせのメソッド。

たとえば、「家族の幸せのために働く」が、あなたと部下の共通の理想像だとします。ところが、自分は「なるべく家族と一緒にいる時間をつくるために効率よく働く」のが大事だと考えている一方、相手は「家族が幸せに暮らせるよう一所懸命働いておカネを稼ぐ」ことが大事だと考えていたらどうでしょう。

理想像は同じでも、当然、中身にズレが生じてしまいます。そして、「アイツは家族の幸せって言いながら、いつまでもダラダラ仕事して……」「課長は家族のために働くと言いつつ、あんまり仕事してないし……」と、相互不信が芽生えてしまうかもしれません。

だからこそ重視したいのが言葉の定義です。当たり前のように使っている言葉こそ、共通言語としての意味の〝確認〟が必要となります。

たとえば前にも触れた「コミュニケーション」という言葉ひとつとっても解釈はさまざまです。私は極端な話、国語辞書の定義から説明していきます。それから、いま職場で必要なコミュニケーションとはどういう類のものなのか、スタッフと一緒に考えていくと、ひとつの共通認識が出来上がっていくわけです。

チームには当然、育ってきた環境はもとより、年次、役割、職歴などの違う人たちが寄せ集まっています。そうした雑集団をひとつにまとめていくために強い力を発揮するのが、仕事、あるいは生き方の理想像の「すり合わせ」なのです。

私たち日本人は、言葉の定義について「なあなあ」で済ませがちですが、そこから生じる齟齬《そご》やちょっとしたすれ違いが、実は組織のトラブルの原因の大半だと言っても過言でありません。だからこそ、仕事、会社の理想像や大切にしたいものを共有するためにも、その前提条件として、お互いの共通言語の定義を常に確認すること。

おろそかにされやすいものこそ常に具体的に共有するということが、組織というさまざまな人が集まった社会では不可欠なのです。

第2章

身近な部下とのコミュニケーションに潜む大きなチャンスと意外なワナ

鉄則 6

コミュニケーション力は〝生まれながらの素質〟ではなく誰でも身につけられる〝スキル〟

——たわいのない会話からでも得られるものは大いにある——

「コミュニケーションが大事なのはわかっていますが、実際、それをうまく行うのが難しくて……」

これも上司が抱える問題のひとつでしょう。

私はいま、建設会社のコンサルティングをしています。この会社は、とある地方都市でナンバーワンのシェアを誇る、小さいながらも成績優秀な企業です。

ところが、全国的な大手ゼネコンの進出により、その座が脅かされる危険性が生じてしまいました。そこで危機感を抱いた社長が、何とか現状を変えようと、私のところに相談しに来たのです。

この会社は典型的な〝体育会系〟で、社長の指示は絶対。しかも、スタッフの大半が「自分の仕事をきっちりやりさえすればいいんだろ」という考えで、チームとして全体で問題点を話し合ったり、解決策を練ったりするなどということは、まったくやってきませんでした。

ようするに、典型的な上意下達型の組織。上、つまりこの会社の場合は社長だけが命令を下し、判断を行う。そして、社長以外のスタッフ全員が「指示待ち」社員だったのです。

前述のように、社長は危機感を抱いていましたが、その社長本人も口下手で、自身の危機感を社員にうまく伝えられません。言ってしまえば、**会社全体が極端にコミュニケーション力に欠けていた**のです。

こうなると、個々の力で勝負できていた頃はいいのですが、社員一人ひとりの能力が高く、しかも組織力も強い大手と競う状況になると、なかなか彼らにはかないません。そこで私は、まずはコミュニケーション力の基礎の基礎を、スタッフたちに身につけてもらおうと考えたのです。

実際、私がその会社におもむいて研修を行ったところ、聞きしに勝るコミュニケーション力不足ぶりにびっくりさせられました。

まず、「おはようございます」とあいさつしてもほとんど反応なし。講義を進めても、リアクションがあまりにないので、聞いているのかいないのかすら、よくわかりません。

そこで私は、次の研修の際、とりあえず**朝起きてから会社に来るまでのことを話してもらう**ことにしました。もちろん、歯を磨く、着替える、通勤するといったように、ほとんどの人の朝の行動は一緒。なので、**話のなかに自分が朝、気づいたことを盛り込んでもら**

うようにしたのです。

たとえば「今日はいつもより一段と空が青かった」とか「いつのまにか工事が始まり、道がとても混んでいた」とか、そういったごくごく簡単なレベルのこと。それを話してもらったうえで、スタッフ同士が感想を述べ合うように仕向けたのです。

実は、こうした一見たわいのない発言をする場をつくるだけでも、コミュニケーション能力は十分高まります。ところが、どうも多くの人がコミュニケーション力を〝生まれながらの素質〟だと、勘違いしているようです。たとえば、明石家さんまさんや中居正広さんのような話術、〝仕切り〟ができる人だけが持っているものだと。

しかし、それは間違い。彼らのような達人はごくわずかです。

実はコミュニケーションは〝素質〟ではなく、あくまで〝スキル〟。まずは、「うなずく」「相づちを打つ」あるいは、先ほどの道が混んでいた話で言えば「遅刻しませんでしたか?」のように「質問をする」といった、簡単にできる最低限のコツを身につける。すると、それをベースに徐々に技術力が高まっていくのです。

この建築会社でも、コミュニケーション力を高める研修の回を重ねるごとに、一人ひとりの感情表現の幅とスタッフ同士の会話の輪が広がっていきました。

現場ひと筋50年以上という60歳を超えたガンコなベテランの職人も、それこそあいさつ、相づち、同意、質問などを繰り返すうちに、自分でも驚くほどしっかりとコミュニケーションをとれるようになったのです。

このようにコミュニケーションを潤滑にし、意識的に仕事にも活かすようにすると、スタッフの間に大きな変化が表れます。**これまで「黙々とこなし給料をもらう」ためだけにしていた仕事に、新たに「楽しい」という付加価値を見出す**ようになったのです。

なぜなら、コミュニケーション力が高まることにより、お互いの感情をくみ取る力も高まったから。加えて、当然といえば当然ですが、仕事が「楽しい」がゆえに、日々の暮らしも自然と「楽しい」ものだと感じるようになりました。

これは、会社にとって大きな収穫です。人は「楽しい」ことに対して、より熱中し、大きな力を発揮します。あるいは、より自主的かつ積極的に「楽しい」こと＝「仕事」にコミットするようになるわけです。

実際、**コミュニケーションが活発になったこの建築会社の業績は、再び右肩上がりの高い成長率を回復。**これまでは、人が辞めたら中途を募集しの繰り返しでしたが、ついに幹部候補生となる新卒社員の採用まで行えるようになったのです。

リーダーは、「自分のチームをナンバーワンにしたい」と強く考えている。でも部下は「そんなこと、どうだっていい」と思ってしまう。

あるいは、リーダーは自分のチームをもっと和気あいあいとしたものにしたい。でも部下は、仕事の人間関係にあまり束縛されたくない……。

こうしたリーダーと部下の心情のすれ違いは、どこの組織でも起こり得ます。そしてリーダーは「部下の心がわからない」と言う一方、部下はリーダーに不満を持つ。

しかし、よくよく考えてみれば、そんなことは当たり前です。別に**部下は、リーダーの希望を叶えるために存在しているわけではない**のですから。

そうしたギャップは、放っておくと広がるばかりです。「指示待ち社員」だらけだと、リーダーは「自分で決めるしかない」と思い込みがちですが、そうなると仕事の負担はケタ違いに増えてしまいます。

だからこそリーダーは自分の意思をしっかりと伝え、組織、チームの力を上げるとともに、自発的に仕事にコミットするスタッフを育てていかなければなりません。

そのために必要なのが、チーム全体におけるコミュニケーション力なのです。

鉄則

7

部下の大切なことを引き出し
未来志向へと大きく変える、
たった3分間の「対話術」

――大きな視点で仕事を見るのに必要な「未来からの逆算思考」――

リーダーとして、どうしても目の前の出来事に右往左往させられるのは仕方ありません。しかし、何より重要なのは、あなたが真に望むリーダー像を思い描き、常にそこを目指すということ。大切にしなければならないのは、「会社が望むリーダー像」ではなく、「あなたが望むイメージ」なのです。

では、部下の気持ちはどうでしょうか。

恐らく部下のほうがあなたより、もっともっと目の前のことに追われていることでしょう。ただ、いつも追われてばかりでは疲弊してしまいます（かつてのあなたも、そうだったかもしれません）。

だからこそ、上司であるあなたが、部下の未来像を明確にし、目標を提示し、モチベーションをさらに高める手助けをする。そして、部下と自身の未来像、そして会社の将来像をすり合わせれば、より強いチームづくりができるのではないでしょうか。

そこで、ここでは簡単に相手の大切にしたいことを引き出し、未来志向に変えてあげられるフレームワークをご紹介します。

その名も「3分間コーチング」。

文字通り3分でできますので、誰でも、そして、いつでもどこでも使えます。ちなみにコーチングとは、傾聴、質問、承認、フィードバック、提案・要望といったツールを相手に投げかけることで、相手の気がついていない大切にしたいことや可能性を引き出し、行動変容を促す対話の技術です。

手順としては、「調子はどうですか?」などと聞く姿勢を見せてから、次のように尋ねてみましょう。

①まず悩み事や問題となっていることを聞く

↓「何か問題や悩み事はありますか?」

②それがどうなったら理想的かを聞きだす

↓「どうなったら理想的でしょうか?」

③現状はどうなのかを聞く

↓「それに対して、現状はどうなんですか?」

④理想と現状の差(ギャップ)がどれくらいで、それがどこにあるのかを聞く

↓「理想を100%とすると現状は何%ですか?」

↓「その差はどこにあるのでしょうか？」

⑤その差を埋めるための行動を聞く

↓「その差を埋めるために、あなたができることは何がありますか？」

⑥感想を聞く

↓「ここまで話をしてみて、気づいたり感じたりしたことは何ですか？」

たったこれだけです。

理想の状態は具体的、かつ鮮明に描けば描くほど、身近なものとして焦点が当たります。

ですから部下の答えが抽象的だった場合は、

「それってどういうことですか？」

「もう少し具体的に言うとどんなことですか？」

など、より明確になる質問を繰り返すと、さらに効果が上がります。

このフレームワークのいいところは、シンプルなところ。

理想の未来と現状とのギャップが明らかになるから、「それを埋めるためには、こうし

3分間コーチングのプロセスと意義

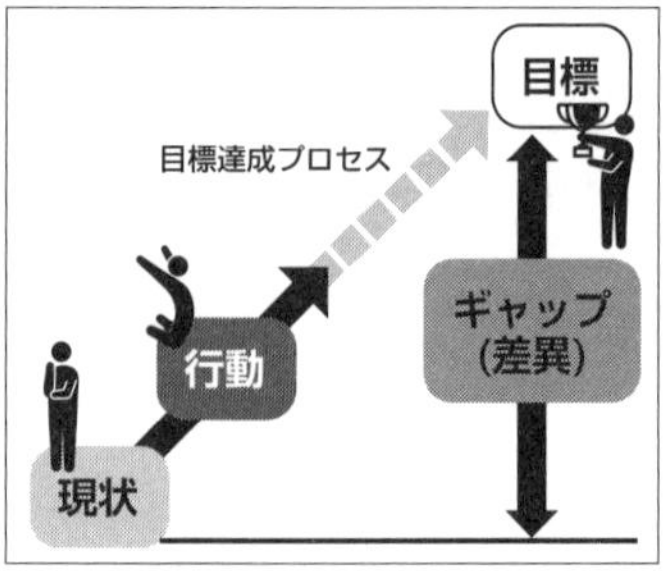

「理想的な状況はどんな状況ですか？
どうなったらいいですか？」
「今の状態は理想が100%としたら
何%くらいですか？」
「そのギャップ（差異）は何ですか？」
「何をすればそのギャップ（差異）は
埋められますか？」
「ここまで話をされて何か気づいたり
感じたりしたことはありますか？」

てみよう！」という前向きな気持ちが自然と呼び起こされるのです。

さらに、このフレームワークを身につければ、いつでも「未来からの逆算思考」ができるようになります。

逆算思考が身につくと、「いま目の前に起こっている問題を、未来に生かすためにはどう対処したらいいのか？」という視点で考えるようになる。つまり、より俯瞰して物事を考えられるようになるわけです。

ぜひ、部下との関係構築のため、たった3分間を使ってみてください。

鉄則

8

過去に起きたさまざまな出来事を「グラフ」で可視化すると、部下の本心が自然と把握できる

――「トラブル発生時こそチャンス」となる真の理由――

ここまで見てきたように、チームを強くするリーダーシップを発揮するためには、部下の状況を知るということが大前提となります。ただし、この部下の気持ちを聞き出すというのが、なかなかハードルが高い〝業務〟であることもよくわかります。

そうした**部下との接点を持つのに一番格好のチャンスとなるのが、トラブル発生時**です。なぜか。それはトラブルが発生すると、当然、当事者と話さざるを得なくなるからです。

なかにはトラブルへの対処を面倒くさがる上司もいますが、これは絶対にNG。部下は上司が関与しないと知れば、トラブルをもみ消そうとしたり、ふたをしようとします。しかし、これこそがトラブルがさらに大きくなってしまう原因になってしまうのです。

むしろ、**トラブルが起こったら、すぐに関係者と話し合いの場を持つ。そうすれば、傷口が小さいうちに処置できるだけでなく、同時に部下たちの気持ちを知る絶好の機会へとうまく活用することもできる**のです。

その際に聞くべきなのが、起こしたトラブルから何を学んだのか、また、再発させないために、今後どうすればいいのかということ。と同時に、ミスやトラブルが職場への不平不満とリンクしていることもありますので、部下の心の内も探ってみてください。

なぜなら、**不満もまた、きちんと共有しないと、その認識のズレから、ますます部下の不平不満が高まる**ことがあるからです。

たとえば「時間を束縛されすぎる」とか、「何かと成果をすぐに求められる」といったことが不満の原因として挙げられたら、それだけにとどまらず、その裏にある職場環境への考えや生活の事情なども、できる限り聞いてみてください。

その結果「自分の先輩がやたら仕事を回してくるので面倒」とか、「あるいはスキルを上げるため、もう少し時間がほしいのに」という、組織、あるいは当人の裏に隠れている事情が判明することもあるでしょう。

そこでさらに踏み込んで、そうした根本原因の解決のためにも、前に触れたような「初心」＝理想像についても聞いてみるのです。このとき、ひとつのやり方として、**過去の自分が印象に残っている出来事を簡単なグラフにしてもらう**と、よりわかりやすく部下の気持ちも浮かび上がります。

まず、縦軸に感情の浮き沈みを、横軸に年齢を書いてもらいます。そして、なかでも印象的だった出来事が起きたときの正直な気持ちを、教えてもらうのです。

人生振り返りのグラフを有効に使おう！

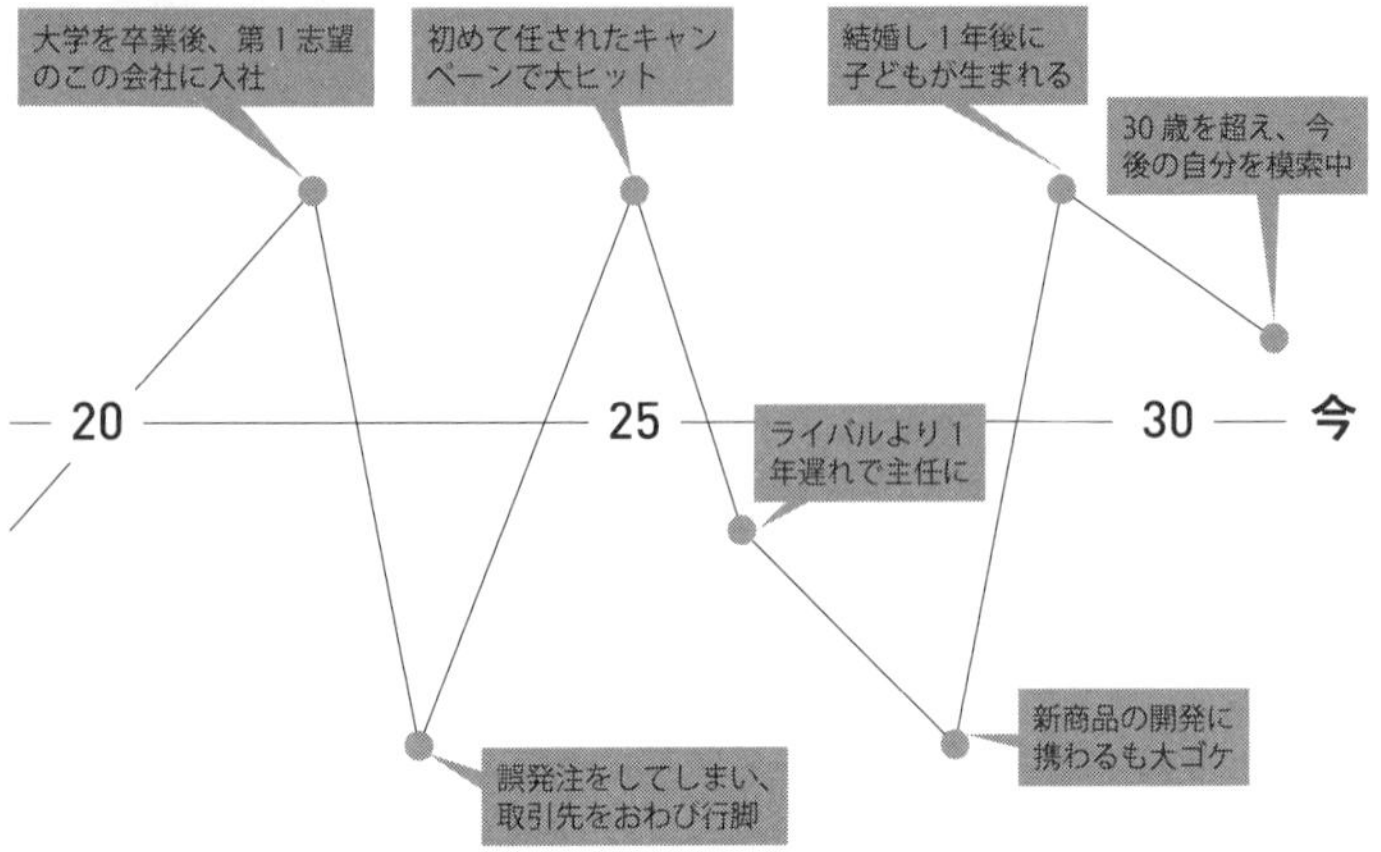

たとえば、初めて契約を取ったときのうれしさ。お客さまとトラブルになったとき、先輩に助けてもらったときのありがたさ。あるいは、初めての給料から親にお小遣いをあげたときの感謝と誇らしさなどなど。

これこそが、実は**自分がいまいる会社の仕事でしか得られない大切な感情**なのではないでしょうか。さらに、そうした気持ちを踏まえて、この先、どんな未来を築いていきたいのか。出世、家族を持つ、家を買うなど、具体的な〝スケジュール〟を、大ざっぱでかまわないので洗い出します。

もちろん人間、ネガティブな気持ちより、前にも挙げたうれしさ、楽しさ、ありがたさを感じながら仕事ができたほうがいいに決まっています。それを可視化し頭のなかに積み上げていき、ポジティブな気持ちで仕事向き合えるようになるのが、このやり方の大きなメリットなのです。

このように、部下と過去を振り返りながら、常にいまの環境をとらえ直し、今後の対策、見通しを立てる必要があると強く思います。**部下の「大切にしたいもの」が阻害されないよう、あなたが防御できている限り、部下は会社への不満も抱きませんし、あなた自身も部下へのイライラも減る**はずだからです。

そうなると、業績を上げるためのスキル磨き、あるいは新たなマーケティングや業務管理法の導入、さらには生産性を上げるための新戦略の試行など、会社も組織もスタッフもさらに大きく飛躍できるさまざまなチャレンジを行う余力ができてきます。

本書の冒頭で、「リーダーシップは誰にでもとることができる」と述べました。その理由は、**部下とのコミュニケーションに、ちょっとした一手間を加えるだけで、チーム力が上がる**から。繰り返しになりますが、**リーダーシップは〝才能〟ではなく、あくまでも誰でも伸ばすことができる〝技術〟**なのです。

鉄則9

口下手な人でも必ずできる、相手の反応を最大限引き出す説明いらずの「提案型会話術」

――伝えたいことがあるときこそ、まずは相手の話を聞く――

上司になったら、日々のコミュニケーション量は、平社員だったころに比べて段違いに増えるでしょう。一方で、どうしても人間の性質上、おしゃべりな人もいれば、口下手な人もいます。

となると、やはり冗舌な人のほうが、部下のモチベーションを上げるのが得意で、その結果、そうしたリーダーのチームのほうが、口下手な人に率いられたチームより、成果を上げるように思われがちです。

しかし、これは大きな勘違い。口下手な人でも、しっかりとリーダーシップを発揮し、チームの生産性をアップできるのです。

私が見る限り、口下手な人は、情報を伝えるのが下手というよりも、むしろ自分が何かを伝えた際に返ってくる反応を恐れている方が多いように思われます。「こっちはただ伝えたいだけなのに、アイツはいつも口答えしてくるから困るわ」という感じです。

実際には、ただわからない部分を聞き直されているだけにもかかわらず、相手の反応を基本的にネガティブにとらえてしまう。しかも、上司としてのプライドがありますから、自分ではなく相手が悪い、わかっていないと考えてしまいがちです。

こうなると、コミュニケーションは成り立たないどころか、チームの生産性にまで悪影響がおよんでしまいます。

なるべく話をしたくないから、細かいところは伝えず大まかにしか説明しない。部下も上司に聞き返すとこっちが悪いとなるので、いちいち確認しない。その結果、部下は上司の意図とは違う行動をし、それに対し上司がさらに怒る……。

口下手なのは仕方ありません。**問題なのは自分ではなく、こちらの意図がわからない相手にのみ、失敗の原因を求めるということ。**そのうえで、部下のネガティブ（と思しき）反応を怖がってばかりいては、いつまでたっても本来の目的、つまりチームの生産性を上げ成果を出すというところに行きつきません。

そこで、そういった人に私はこう尋ねます。

「部下の行動に対してイライラすると言いますが、そのイライラを起こしているのは自分じゃないですか」、そして「イライラしている自分が好きですか」と。

そうなると、当然「イライラしている自分など好きではない」となります。そうしたイライラした状態を選んでいるのは、ほかならぬ上司本人なのです。

ここに気づけば、まずは〝自分を変える方向〟へと舵を切ることができます。

もうひとつ、そもそも**口下手な人は、「自分がそうだ」という自覚があるからこそ、「伝えなきゃ」という気持ちが前面に出すぎる**きらいがあります。その〝圧〟をイヤがる部下は、余計にそっぽを向いてしまう。だから、本当に伝えたいことがなかなか伝わらず、これまた悪循環になってしまうのです。

ここで重要なのは、**伝えたいことがあるときこそ、まずは相手の話を聞く**ということ。

たとえば、新規開拓先に3週間後に企画提案書を持って行く案件があるとしましょう。この場合、企画書のドラフトをいつまでにつくり、その後、何日間かかけて修正、そして、社内会議を経ていざ出陣、というような感じで、すべての段取りを上司が説明してしまいがちです。

しかしそうではなく、

「3週間後に新規開拓先に提案に行くんだけど、となると企画書のドラフトはいつまでにあったほうがいいと思う？」

と、**会話の内容を質問型に変える。**

すると、部下は「3週間後にご提案となると、とりあえず1週間後にドラフトを課長に提出でよろしいですか」というような答えを返すようになるわけです。

このように、仕事の枠組みを自分の頭で考えるようになるので、自然とチームワークにコミットするようになります。こうなると、もはや上司の口がうまかろうか下手であろうが関係ありません。


しかも、これはミスを注意するときも一緒。防止策を話し合っている際、当事者の「すみません。以後気をつけます」で締めてしまうと、必ずその問題は再発します。

そうではなく、「今後このようなことがチーム内で起きないようにするためには、どうすればいいと思う?」「そのために、あなたは何ができる?」と必ず相手に質問を投げかける。こう聞かれると、部下は対策を自分の頭できちんと考えなければなりません。

その結果、「こういう顧客対応はしないようミーティングで共有します」となり、責任感もいっそう強く感じるようになるわけです。

とにかく口下手な人は**相手の反応をネガティブにとらえず、しかも最後は質問で締めるを心がけてください。**コミュニケーションの質が大幅に変わるはずですから。

鉄則

10

日本人がやり慣れないからこそ「褒める」を徹底して行い、チームに新鮮な空気を呼び込む

——重要なのは「存在」や「性格」ではなく「行為」を対象とすること——

日本の職場で一番足りないもの、それは「褒める」という行為ではないでしょうか。逆に、おそらく圧倒的に「叱る」場面は多いと思います。

しかし、褒めるという行為には、単純にいいことを行った相手を認めるだけでなく、チーム全体への波及効果が非常に大きいというメリットがあるのです。

その際に、まず**重要なのが「存在」や「性格」ではなく「行為」を褒めるということ。**たとえば「A君はいつも明るいね」ではなく、「A君のいつも明るい接客態度は周りも明るくしてくれているね」と、具体的な行動を褒めるということです。

さらに、チームの行動目標が、「どこよりもわかりやすく商品説明をする」であれば、その目標に沿った行為をした人に対して、「いまの説明、非常にわかりやすくていいね」と褒めたたえる。

すると、「私もわかりやすい商品説明を、もっと心がけよう」というような感じで、**チームのメンバー全員が進むべき方向にフォーカスを当てやすくなる効果が生じる**わけです。

前述したように、日本人は職場できちんと相手を褒めることが得意ではない人が多い傾向があります。事実、かつての私もそうでした。

このように慣れてないことができるようになるには、取り組みやすいことから始めるのがベスト。そこで、まずは〝正しく褒める行為〟を練習にチャレンジしてください。

実は、私のオリジナルメソッドのひとつに「褒めワーク」というものがあります。この土台は、ケンタッキーフライドチキンで文化として定着している「レコグニッション」というものです。

「レコグニッション」とは「認める」ということ。私がこの「レコグニッション」に出会ったのは、20年くらい前の店長時代のことです。

正直、当時のケンタッキーは他の飲食店とやり方が変わらず、どちらかといえば体育会系で、アルバイトにも厳しい指導をして仕事を教え込むのが普通でした。

そんななか、本社の方針でアメリカ本国から「レコグニッション」が導入されます。しかし、古いやり方に慣れてきた私を含む当時の店長たちには、当然違和感しかありません。

「バイトを褒めたら、図に乗って仕事をしなくなるじゃないか！」

こんなような話を当時していました（いまはあり得ませんが……）。

ところが「上からの指令だからしょうがないな」といざ実践してみると、チームがガラリと変わったのです。部下のいいところを見つけて、それを言葉にする。部下も同僚や上司のいいところを見つけて、それを言葉にする。すると、チームのなかにお互いを認め合おうという雰囲気が徐々にできてきたのです。

これはつまり、上司と部下の関係が近くなっていくということ。すると、店長の私に、10代の子が「こんなところが素晴らしいです」とメッセージをくれる。他方、私も素直に、アルバイトの若い子に「君のこういうところは素晴らしいね」と指摘する。

そしてついには、彼、彼女たちから、「こういうところは改善したほうがいい」という提案をもらうほどになったのです。これを機に、「褒める」という行為の持つ、すさまじいパワーに気づき、積極的にその力を使うようになりました。

日本人がやり慣れない「褒める」を、だからこそ戦略的に使う。これだけで、チームに新鮮な風が吹き、スタッフのやる気に新たな火をつけることができるはずです。

鉄則

11

紙に書いて口に出すだけ。5分でできて効果が上がる「褒めワーク」を上手に使う

――「いいところ」探しのほうが、チーム力向上にはるかに役に立つ――

では、前項で紹介した「レコグニッション」をもとに開発した、私のオリジナルの「褒めワーク」とは、一体どんなものか。

やり方はとても簡単です。スタッフを3人1組くらいのグループに分け、全員に付せんを配ります。

その付せんに、それぞれがグループ内の自分以外の人の「素晴らしいところ」を書きだしていくだけ。書いたあとは、その付せん紙をひとりずつ読み上げて互いに渡し合います。全員が渡し終わったら終了。

たったこれだけです。5分もあればできるでしょう。

これだけ聞くとずいぶん〝子どもだまし〟に思えるかもしれませんが、このワークは非常に効果があります。

まず、**普段やりなれない「褒める」を習慣化する第一歩となること**です。

先ほど付せんに書くと述べました。これはどういうことか。実は、前項で紹介した「レコグニッション」においても、いきなり面と向かって「店長、あのクレーム対応、素晴らしかったですね」と言うわけではありません。

誰かに対して「素晴らしい」と感じたときとか、「ありがたいな」と感謝したいときに、「チャンピオンカード」と呼ばれる紙にそのことを書いて、店内の掲示板に貼っていく。書かれた側は、みんなに見える場所に自分に対する〝お褒めの言葉〟が表示される。それによりモチベーションも上がる。だから、アルバイト同士で「チャンピオンカード」を貼り合っているお店は、当然、店員の意識も高く、必然的に質のいいサービスを提供するようになったのです。

この紙に書くというルールにより、まず声に出して褒めるという高いハードルが下がるとともに、誰のどこが素晴らしいのかが、チームで共有されるというメリットがあります。そのやり方を踏襲したのが、私の「褒めワーク」なのです。

実際、やっていただければ実感できると思いますが、**付せんという限られたスペースに、いわばあらかじめ用意されたシナリオのように、簡潔に褒め言葉を書き込む。そして、それを読み上げるだけですから、面と向かって口に出して人を褒めるよりも、はるかに簡単**なのです。

もちろん、最初は気恥ずかしさも間違いなくあるでしょうから、褒める内容はなんでもかまいません。

「こないだのカラオケで歌がうまくびっくりしました」
「いつもネクタイのセンスがいいですね」
「あいさつの声がとても通っていて気持ちがいいです」

こんな〝気づき〟を伝えるだけで十分なのです。

ちなみに「褒めワーク」とは名づけたものの、現場で部下とやるときは、あまり「褒める」という言葉を使わないほうがいいかもしれません。前述のように、とりわけ日本人は人によっては褒めることに抵抗感を感じることもあるでしょうし、あるいはハードルが高いと思う人もいるからです。

ですから「素晴らしいところ」や「いいところ」の「指摘」と言っておくくらいが、ちょうどいいでしょう。

さらに「褒めワーク」の効果をアップさせるために、慣れてきたら褒める内容を徐々に仕事関連のことに的を絞っていきます。

「この1カ月に仕事をしていて、素晴らしいと思ったこと」
「真似したくなるくらい、やり方が素晴らしいと思ったこと」
「チーム同士とのやりとりで、素晴らしいと感心したこと」
「時間の効率的な利用について、素晴らしいと思ったこと」

そうやって絞っていくと、**「褒めワーク」**は、**だんだんとチームメート同士が「素晴らしいと感じたこと」を挙げていく、非常に〝前向きなミーティング〟になっていきます。**

いわば「反省会」の正反対の会ですが、実際のところ**「いいところ」をどんどん見つけていったほうが、チームのレベルアップにはるかに役に立つ**のです。

当人はその「素晴らしいと思われたこと」を、さらに伸ばそうと努力するようになりますし、他人はそこを見習うようになります。

そして、何より大切なのは、これをやることで、**メンバー同士がお互いのことにより関**

褒めワークでコミュニケーション力がさらに上がる！

田中さんへ
自己理解が私よりはるかに深くて感心しました。若きリーダーとはこうあるべきなのかなぁと、とても勉強になります。

近藤

ウッチー

同行したプレゼン、あのときは言えませんでしたが実は本気で感動していました。同期としてホントに尊敬します。会社もチームも、ウッチーがもっと引っ張っていってOK！

阿部

林さんへ
共通の目標があったことに驚くとともに、ウレシク思いました。さらに海外進出のことまで考えている志の高さ、さすがです！

タカハシより

タカさん
いつも大きな声で元気よく挨拶しているので、朝からとても気分よく仕事に入れます。私ももっとパソコンから顔を上げて、みんなの様子に気を配れるようになりたいです！

隣のハヤシ

近藤香織さんへ
いつも会議で積極的に発言する姿、実は非常に感謝しています。口下手な上司でごめんなさい。これからも、もっともっとメンバーを引っ張っていってくれることを期待しています。

田中一郎より

アベちゃんへ

私がアベちゃんの尊敬しているところ
1　自分の意見をハッキリと言えるところ
2　人への気遣いが「ハンパない！」とみんなが認めていること（もちろん私も）
3　仕事とプライベートの切り分けがすごい上手！
こんなん人なかなかいません！！

内村より

心を持つようになっていくことなのです。

そうなれば、「将来的な目標、イメージを共有すること」も容易にできるようになっていきます。ですから当然**「褒めワーク」には、リーダー自身もメンバーとして参加するのが必須**です。

その都度その都度、組むメンバーをシャッフルすれば、さまざまなスタッフの「素晴らしいところ」が、チーム全体のアセットとして共有できるはずです。ぜひ試していただきたいと思います。

鉄則 12

「叱る」「叱られる」が誰しもイヤだからこそ考えたい、「信賞必罰」の先にあるもの

――思考と行動の判断基準がないとチームはバラバラに――

部下を動かす際には、「叱る」ことも必要です。チームのルールから逸脱したり、モラルに反するような行為をしたときには叱ってあげたほうがいいと思います。これは、仕事における行動基準を理解してもらい、自分の行動を考えさせるためです。

一方で、**起こった行為にカッとなって部下にお説教を始めるのは「怒る」であって、「叱る」ではありません。**

これを勘違いしてしまうので、一部のリーダーは部下から信頼を得られないのです。

私自身も、実は「怒った」ばかりに苦い思いをしてしまった経験は、若いころに何度もあります。そもそもは短気ですから、パフォーマンスの悪い部下を見ると、つい我を忘れて怒鳴ってしまうこともあったわけです。それで人が離れていってしまったことも過去にはありました。

怒れば、確かに人はその行為をある程度はしなくなります。けれどもこれは、単に「怖いから」であって、痛みを避けるだけの動物的な反応にすぎません。

だから、それによってパフォーマンスが上がる可能性はゼロ。むしろ恐怖感からくるストレスで、パフォーマンスは落ちていってしまいます。そしてパフォーマンスが落ちることによって、さらに怒られるようになれば、ますますストレスは強くなってしまう。チームはバラバラになり、やがては人が離れていくのも当然のことでしょう。

あくまで目的をもって、行動基準を指し示し考えさせるのが「叱る」。「怒る」は、目の前の対象に対して期待を裏切られたりして発生する感情なのです。

一方、「叱る」と前に説明した「褒める」を戦略的に使い分けると、チーム力を向上させることに非常に大きな効果を発揮します。

前述したように、部下の能力を引き出すには、部下の主体性を発揮させなければなりません。そのためには、考える習慣と行動する習慣づけが必要なのです。

ただし、考えるにせよ、行動するにせよ、何らかの基準がないと主体的に行うのはなかなか難しいのも事実。そこで「褒める」の項を思い出してください。

「褒める」基準は、目標に沿うか、それ以上のことをした場合でした。「叱る」の場合は、その逆。**チームが立てた何らかの目標、たとえば「わかりやすく説明する」というクオリティを下回った場合、叱ればいい**のです。無論、その**基準は「褒める」同様、存在や性格ではなく、あくまで「行動」**です。

「叱る」「褒める」が多用されることで、部下にとっても質のよい行動基準がわかりやすくなります。逆に「叱る」「褒める」のないチームだと、何が行動基準なのかの判断は、個人の経験則にゆだねられてしまうのです。

そうすると、何が正しくて何が正しくないのか、メンバーごとに見方がズレてしまい、人によって判断基準がまちまちになってしまいます。そこへ新しい人が入ってきたりすると戸惑うだけならまだしも、居場所が見つけられずチームへの帰属意識も低下してしまうのです。

さらに、お互いが理解できない場面が多くなりますから、メンバー同士の信頼関係も希薄になります。承認欲求も満たされず、指導も受けられない。これでは何のため組織に入ったのかわかりません。

いま、叱られ慣れていない若い人も増えているといわれますが、叱る、褒めるを省いてしまうと、より大きな損失を招く可能性大ということ。だからこそ、基準をはっきり示したうえで、「信賞必罰」を徹底すべきなのです。

鉄則13

「褒める」「叱る」がどうしても難しい場合に活用したい「部下へのフィードバック」

——さらに「感謝」をつけるだけで組織のうみが消える——

昨今、悲しいことに部下への関心が欠落しているリーダーは実に多くいます。私のところにも、そうしたことに関する相談が数多く舞い込んできているのが現実です。

ＩＴ系の会社の管理職になった、若いＦさんもそうでした。部下のことに目がまったく届かないし、叱ったり、褒めたりするどころか、そもそも何を話しかけていいかもわからないとのこと。

「そんな面倒なことをするより、黙々とひとりで仕事をこなしていたほうがずっとラクなのに……」と、当人は言います。

確かに忙しい日常に追われ、リーダーの仕事を会社からの「やらされ仕事」と考えていると、そういうモチベーションにもなってしまうでしょう。

けれどもそれでは、この先もずっと仕事を「やらされるだけ」。自分を成長させて、チームで大きな仕事を実現できるようにはなりません。

そこで、Ｆさんにまず始めてもらったのが、**「部下へのフィードバック」**です。

「部下へのフィードバック」というのは非常に簡単で、「褒める」でも「叱る」でもありません。ただ、「部下を観察して気づいたことを言う」だけのこと。

「今日も朝早いですね」「コートの季節になってきましたね」「雨が降って、カバンが濡れちゃいましたね」のように、とにかく見えているものを、そのまま言うだけでかまわないのです。

このフィードバックを意識すると、相手の様子を自然と見るようになります。すると、**あたかも会社のPCのように自分が使うだけの存在にすぎなかった部下に、がぜん〝人〟としての興味がわく。コミュニケーションを活発化させるのは、それからでいい**のです。

実際、Fさんはこれを続けることで、「初めてリーダーとしての自分の存在を自覚した」といいます。コミュニケーションが苦手な人でも、フィードバックは見たままをただ口にするだけですから、それほど苦にはならないのです。

さらに、フィードバックに続けて、トライしてほしいのが「感謝する」ということ。**本当は「褒める」「叱る」をやってほしいのですが、「いきなりやるのは難しい」と感じるのもわかります。そこで、「感謝する」ところから始めてみる**とどうでしょうか。

たとえば、自分より先に出社している部下に対して、これまでなら「おはよう」で終わりでしょう。しかし、彼らは朝早くからちゃんと用意をして、チームの目標を達成するために、自分より早く出社している。それについて、リーダーはまったく何も感じなくていいのでしょうか？

これはやっぱり「ありがとう」なのです。あいさつのとき、「おはようございます」と言われたら、「おはよう。今日も早くからありがとう」と返す。あるいは、一人ひとりに声を掛けるのが難しければ、たとえばミーティングの最初に全員と仕事ができることに感謝をし、「今日も早くからみんなありがとう」と伝える。

それだけで、チームのみんなは気持ちいいし、言ったあなたも気持ちよくなるはず。**褒めることよりもずっと簡単で、モチベーションもしっかり上げる要因になるワザのひとつ**です。また「時間通り、あるいは前に来ていることをリーダーが感謝している」という認識が広がれば、遅刻グセのあるスタッフも、生活態度を変えることでしょう。

さらに「褒める」には基準が必要ですが、感謝することに基準はありません。**コピー機から印刷物を取ってきてくれたことから、通るときに道を空けてくれたことまで、どんなささいなことに対してでも「ありがとう」は言える**わけです。

リーダーが「ありがとう」を頻繁に言うようになれば、それは必ず部下の一人ひとりに伝染するようになります。気づいたら、いつのまにか部下の誰もが、ちょっとしたことで人に感謝するようになっている……。

すると、チームがそれぞれに関心を持ち、相手のことを気遣うようになる。結果、強力な信頼関係が芽生えます。お互いにフォローをするようになりますから、必然的に求められる成果も上がっていくわけです。

怠けたり、すぐに諦めてしまったり、いい加減に仕事をする人というのは、結局のところ「その行為が回りまわって、チーム全体に与える悪影響」を考えていません。

そういう人に限って、周りの人が助けてくれたとしても、それを「当たり前」だと思うだけ。ものすごく恩恵をこうむっていることにも気づいていません。

こうしたことの積み重ねで、チーム全体がギスギスした雰囲気になることは実に多いのです。ところが、リーダーが率先してちょっとしたことにも感謝をし、周りに同調者が増えていけば、必然的にその尊大な態度の社員だけが浮いてしまいます。当然、自分の誤った姿勢にも気づくことでしょう。

リーダーの「ありがとう」だけで、組織のうみを出せるというこんな簡単なリーダーシップ、他にありません。いますぐにでも、この習慣を徹底することをオススメします。

鉄則

14

どうしても腹が立ったときは、まず「ってなるでしょう？」という呪文を唱える

――「怒っているのは自分」に常に立ち返る――

上司の仕事は、まず部下の力を引き出し、そして成果を挙げるサポートをすること。これをチームの成果につなげるよう全力を尽くします。そういった観点からも、部下との会話（対話）の時間はとても大切です。

たとえば、部下から報告を受ける際、結論をなかなか話さなかったりすると、イライラすることもあるでしょう。

このときに、「なんで結論から言わないんだ！」と大声を出して、そのイライラ感をそのまま怒りに変えてぶつけるのは、当然、悪手中の悪手。ここぞというときは意図をもって一喝するのもアリですが、その際にも「何のための一喝だったのか？」を相手に考えさせないと意味がありません。

そうでないと、部下が委縮して、以後、本音を言わなくなる可能性があります。それに対して、また大声で怒鳴る。これがエスカレートするあまり、部下から人事部あてに「パワハラ」で訴えられる可能性すら出てくるわけです。

当然のことですが、**怒りの感情のまま会話が終わると、怒りを向けられた相手には恐怖感や嫌悪感が残ります。すると、その次からは「上司の怒りを避けるため」に部下が〝都**

合よく"話をするようになってしまうのです。

表面上は部下のムダな話が減ってラクかもしれませんが、本当に必要な情報まで入ってこなくなる可能性も高くなってしまいます。あるいは、部下は小さなミスを報告しないようになったり、上司の顔色をうかがって仕事をするようになってしまうかもしれません。

そのような状態の部下に「主体性を発揮して行動しなさい」と言っても、何をかいわんやです。

上司にとって何よりも大切なのは現場の正確な情報。これが上がってこないとなると、チームの現状分析も、その改善策も的はずれのものになってしまいます。当然、これではチーム力も上がりません。

もちろん、人間ですから怒るのは仕方ないこと。

ただ、怒りの感情のまま会話を終わらせるのではなく、冷静になって部下に恐怖感や嫌悪感が残らないように意識すべきなのです。

そこで、怒りの感情が出てきた場合の対処の仕方として、「〇〇ってなるでしょう?」という言葉を使う方法をオススメします。

これは非常に便利なやり方です。先ほどの例でいうと「なんで結論から言わないんだ!」と思わず怒りの感情が出てしまったときは、一拍または一呼吸おいて「ってなるでしょう?」と語尾を上げて質問をつけ加えるのです。より詳しく表現すると「なんで結論から言わないんだ!……って（私も）なるでしょう?（と語尾上げる）」ということ。

これは、結論を先に言わない部下に向けられていた焦点を、怒っている自分に向け直させるテクニックといえるでしょう。

人はなぜ怒るのか。それは怒りの対象に焦点が当たっているからです。この場合は、結論を先に言わない部下に焦点が当たっています。この焦点を自分自身に向けるだけで、我に返ることができるわけです。

ここで感情優位の状態から冷静モードに変われるので、改めて

「なぜ私が怒る気持ちになるのかわかりますか?」

「何がいけなかったのですか?」

「自分ができる行動は具体的にどういうことですか?」

「この件から何を学べますか?」

というように、再発防止策を部下に考えさせるような質問をするよう、頭のギアチェンジができます。すると、今回のミスを部下の成長のチャンスにつなげることができるわけです。

繰り返しになりますが、人間ですから喜怒哀楽の感情が出てくるのは当たり前のこと。ですから、怒りの感情がわいてくる自分を責めてばかりいると、自己評価が下がり、やがて自信喪失状態になってしまいます。自信を失ったリーダーでは、チームを成長させるのも難しくなってしまうでしょう。

ですから、**腹が立ったときは「ってなるでしょう?」の呪文を使って、怒りの感情をまずは自覚する**こと。そもそも、あなたが怒りの感情を抱くということは、それだけ部下に期待していたからではないでしょうか。

こうした**ネガティブな感情を、部下を成長させチームの未来をつくるリソースに変えられるようになると、部下からの信頼感も間違いなく上がる**はずです。

第3章

揺るぎなき強い組織へと
チームを引き上げる
リーダーの「こだわり」

鉄則 15

日ハムファイターズに学ぶ個人もチームも伸び続けるイメージ共有メソッドの強み

――ダル、大谷選手が抜けても常勝の理由――

突然ですが、プロ野球の北海道日本ハムファイターズって、すごいと思いませんか。

ダルビッシュ投手や、二刀流で大暴れした大谷翔平選手などなど、すばらしいプレイヤーを育てています。しかも、そうした選手が大リーグ挑戦などで抜けてしまっても、なお毎年のように優勝争いに絡んでいるわけです。

実は、こうした**戦力育成と高いチーム力の維持の裏に、本書で再三述べている〝イメージ共有メソッド〟がある**のをご存じでしょうか。

ファイターズは、ドラフトやトレード、FAなどで新入団した選手に対し、契約前に一人ひとりの意思に合わせた〝ゴール設定〟をしています。

大谷選手に対し、入団時から

「アメリカの大リーグに行って活躍したい」

という彼の意思に合わせて、キャリアプランを提示し成功に導いた話は有名でしょう。

こうしたイメージ共有は、何も大谷選手だけでなく全選手に対して行っているそうです。

たとえば、ある選手の意思が「3年後に大リーグに挑戦したい」であったら、球団は引き留め策に走らず、真剣にそれを実現させようとするゴールと育成プランをつくり、それが実現するイメージを共有します。

本人の意思に沿ったゴールを球団側、つまり雇用主と共有するので、選手本人は安心して自分の理想の未来にチャレンジできるわけです。球団に背中を押してもらっている感覚にもなるでしょう。

最近ではオリックスから自由契約になった金子千尋《かねこちひろ》投手が、ファイターズの迅速な入団交渉後に「ＯＫ」の答えを出しました。

無論、球団が必要と判断したからこそ獲得に乗り出したわけですが、金子投手本人の野球選手としてありたい姿を球団が理解、尊重し、金子投手が球団で活躍しているイメージを具体的に描いて提案したのです。

このように、人は安心して好きなことに打ち込める環境があり、その好きなことが、自分の理想の人生につながっているという確信が持てると、競争相手に勝とうとするというより、自分自身のためにがんばれるようになります。

つまり、

「他人を見て負けないようがんばる」

のではなく、

「自分の夢の実現に向けてがんばる」

のです。こうした姿勢で、一人ひとりが野球（仕事）に打ち込めば、足の引っ張り合いもなくなり、当然、チームワークもよくなります。

部下と上司がイメージを共有し、その実現にまい進する。その結果、個人もチームますます伸びていく。

ファイターズの毎年の活躍が、この〝イメージ共有メソッド〟の比類なき強みを証明しているわけです。

鉄則

16

青学を破った東海大学の監督が問い続けた選手の「あり方」に育成のヒントあり

――ただ結果だけを求めて部下を走らせるのは禁物――

上司はチームの結果責任を負いながら、同時に部下を育てなければいけません。何度も言いますが、結果と育成を両立させないといけないわけです。

結果を出すためのビジネススキル・ノウハウを習得させるとともに、人間力・ヒューマンスキルを高めていくこと。逆に、**「結果さえ出せれば何をやってもよい」といった考えで、ビジネススキルばかり向上させると、それ自体が社風となってしまい、ひいては会社のブランドを傷つけてしまう、つまり「ブラック企業」とのらく印を押されてしまう**ことにもなりかねません。

また、人間力が育たないと、チームとして大切な信頼関係を築く能力が身につかず、本人だけ高い生産性が維持できても、結果として周囲の生産性を下げてしまう部下になってしまいます。

結果と育成を両立させるカギは、人としての「あり方」です。

実は、テレビの前で熱狂した人も多かったであろう2019年正月の箱根駅伝で、優勝候補大本命の青山学院大学を破り、見事優勝を果たした東海大学の両角《もろずみ》速《はやし》監督の言葉に、そのヒントがあります。両角監督は、日頃の練習で学生たちに対し、

「みなさんは走ることが好きだから陸上部に入部したと思う。そんな走ることが大好きな自分を大切にしなさい」

「陸上を通してどんな人間になりたいか。その理想の人間になるために走りなさい」

ということを繰り返し指導したそうです。

自分を大切にしたうえで、その自分が選択した陸上を通じて、どんな人間になりたいかを考える……。

まさしく「あり方」を問うています。

こうした指導により、選手は結果が出れば、それにより得られた満足感で自信がつき、さらに上を目指そうとする。反対に結果が出なければ、どこに問題があったのか自分で課題を探そうとする。**成績がよかろうが悪かろうが次への糧にする。だから主体的に練習に取り組めますし、結果として成長できる**わけです。

これができるのは、成績、タイムを追い求めるのではなく、理想の自分を探し続けるために走っているから。もし単なる結果最優先主義のチームだったら、順位がよかったら一安心し、順位が悪ければ悲しんで終わりです。

これだと、「陸上だけやっていればそれで十分」とか、あるいは「陸上で結果さえ出せればそれでいい」となってしまいます。そうなると、駅伝というチームスポーツであるにもかかわらず、なかなか他の選手と協調できる人間性が養われません。

これは、会社に当てはめてみても一緒のこと。

「みなさんは、この会社のどこかに魅かれて入社したはず。そうした〝会社に魅かれた自分〟をまずは大切にしてください」

「会社の仕事を通じてどんな人間になりたいかを考え、その理想の自分になるために目の前の業務に打ち込んでほしい」

このような指導を上司が繰り返したとしましょう。

すると「仕事を通して人を喜ばせられる社員になる」「理想の自分になることを見すえて目の前の仕事に集中する」など、いろいろな考えが部下を持つようになるわけです。

さらに、こうしたことを常に意識できるような環境が整えば、**結果が出れば得られた満足感が自信を生み出し、さらに上のレベルを目指そうとする。結果が出なければ、何に問題があったのか自分で課題を探し出し次への糧にする。**

こうして部下は成長します。さらに、成長を感じているからこそ、主体的に仕事に取り組めるのです。これができるのは、あくまで「理想の自分を探し続けるため」に目の前の仕事をしているからなのです。

大切にしたい自分の「あり方」を考え、それを追求させる。そのプロセスとして仕事をするというように、徹底してとらえさせる。

つまり上司としては、自分の「あり方」がまずありきで仕事をする部下の姿勢を真剣に応援すること。そうすると、ただ単に数字だけを求められているわけではないと部下は理解できますし、その結果、信頼度もさらにアップします。

そうした環境づくりを常に意識することこそが、これからのリーダーに求められる一番大事な要素なのです。

鉄則
17

何でもアメリカ式にならうより、日本型の人事管理術こそしっかりと考えるべき

――行きすぎた「放任主義」が生んだカオスな現場――

世の中では、相変らず欧米の戦略プラットフォームやスタートアップ系企業が取り入れた、〝最新式〟のチーム・ビルディングメソッドに高い注目が集まっています。

しかし、本当にそのような**海外のマネジメント術が、日本の組織に活かせられるのでしょうか。少なくとも周りを見る限り、必ずしもウマくいっているわけではない**と言わざるを得ません。

実際、私も経営学、マネジメントの本場のアメリカで、日米のチームづくりの違い、という表現では収まらない、とてつもないギャップを見せつけられました。


ケンタッキーフライドチキンにいた時代、研修で半年間ハワイの店舗にいたときのこと。ハワイの店舗を管理していたのは、当然、アメリカ法人です。ですから、研修初日から指示が来るまで待っていた私を放置し「何しに来たの?」と言い放たれたところまでは、アメリカ流として、まぁ納得ができます。

ところが、驚きだったのは、配属されたお店の様子。とにかく、あまりにも私のそれまで持っていた常識からかけ離れていたのです。

従業員は厨房で大音量で音楽を流し、踊りながら仕事をしている。つまみ食いは当たり前。お客さんが入ってきても、まるで「何か用でも？」という応対。しかも、注文を取りながらジュースを飲む始末……。

おまけに、現地の店長は、そのお客さんへの対応もしなければ、部下に対しても何も言いません。すべて、放ったらかしに見えました。

試しにチキンをつくらせてみたところ、つくり方のマニュアルはあってないようなもの。商品の保管状態もとてもではないが、いいとはいえません。

「果たして『チキンで人を幸せにしたい』といって、本物にこだわり続けた創業者カーネルサンダースの教えは一体どこに行ってしまったのだろう？」

と、考え込んでしまいました。

たまたまそういう店舗にあたったのかもしれませんが、ハワイのケンタッキーは、実際にこの体たらくだったのです。**仕事の仕方が適当なら、考え方も適当。遅刻は当然だし、「ちょっと疲れたから帰る」と言って、平気で早退**をします。

お客さんを待たせているにもかかわらず、店員は平気でおしゃべりをして、音楽を聞いている。「お客さんをもっと喜ばそう」とか、「お店の売り上げをアップさせよう」などという前向きさは感じられず、「いま、目の前に仕事があればやるよ」といった感じでした。

これは「うちのチームはダメなやつばかりだから」などというレベルどころではありません。もう、私の常識であった職場やお店といったレベルを、はるかに逸脱していたのです。

誤解しないように述べておきますが、アメリカのケンタッキーが、すべてこんな有り様というわけではありません。

ただ前述のように、カーネルサンダースが創業した本場アメリカのケンタッキーですら、こういう店がある……。

これは、**アメリカ型のマネジメント術は必ずしも万能、絶対ではない**ことの証左と言えるのではないでしょうか。

鉄則

18

全員と仲間になる必要はない。まずはひとりをガッチリ味方にし、60点のチームづくりから始める

――100点満点の結果をすぐに求めるのは禁物――

ハワイの店舗での勤務では、想像をはるかに超えたカオスとも言える環境を経験しましたが、その結果、私はチームづくりに重要なベース要素を知ることができました。それは**「まずは人を知ること」**です。

仕事をしながら踊る、歌を歌う、そのくせ満足に基本作業すらできない。そんなスタッフにルールを守らせようと当初はあれこれ言いましたが、聞く耳などまったくもちません。そもそも仕事や生き方の価値観が違うのですから、言うだけムダ。そこで私は、仕事の完璧さを求めるのではなく、まずは彼らの行動をある程度許容するところから始めました。

そのうえで、彼らが何を考えているのか、**仕事の話ではなく家族の様子や、休みの日に何をしているのかといったプライベート、つまり「その人となり」を知ることから始めた**のです。

仕事の「ああやれ、こうしろ」だけでは、どうしても会話が続きません。その結果、いつまでたってもスタッフが何を考えているのかわからないのです。

しかし、**話しやすいところから会話の糸口を見つける。すると、相手と話す時間も長くなる。となると、だんだんとお互いの人となりがわかるとともに、話の流れで仕事に関す**

る話題も口にするようになるわけです。

スタッフはどのように仕事に向き合っているのか、あるいはこちらが何にこだわっているのか。単刀直入に聞いてもなかなか受け入れてもらえなかった話が、本丸以外から攻めることで次第にわかるわけです。すると少しずつですが、私の仕事に興味を示したり同調したりする〝仲間〟が現われます。

「タイゾウ、ボクにできることは何かないか？」

「そのチキンのつくり方、ボクにも教えてほしい」

「日本人は、みんなタイゾウのようにこだわってやっているのか？」

彼らには彼らの文化があり、楽しんでいる仕事のやり方があります。だから、音楽を聴き、踊りながらチキンをつくることも、別に止めはしませんでした。

その代わり、「来てくれたお客さんに、美味しい料理を出して喜んでもらうことを楽しもうよ」と言い続けたのです。

そんなある日のこと。商品の値段をめぐってお客様とのトラブルが発生しました。その日は店長がいなかったので、私が仲介に入りました。しかし、つたない英語だったためか、お客さんの怒りはますますヒートアップするばかり。

「マズイな」と思ったところ突然、私は後ろからガシッと抱き止められます。振り向くと、いつもは厨房で音楽を聴きながらチキンをつくっているスタッフでした。

「タイゾウ、ここはオレに任せろ」

彼は婦人の前に出ていくと、懸命に私のことを説明してくれたのです。

「彼は日本のケンタッキーから派遣されてきていて、お店のサービスをよりよくしようとものすごくがんばってやってくれている。だから、その点は誤解しないでほしい」

私は心から救われたような気分になりました。


上から目線で指導や教育をして相手を変えようとするのでなく、まずはひたすらスタッフを理解し、彼ら彼女らに合わせて、自分ができる最善のことをしていく。マイナス面を指摘するのではなく、できている部分を見つけて褒める。それを繰り返すうちに、**必ず味方が生まれます。その数を徐々に増やしていけばいい**わけです。

あの最初はどうしようもなかったスタッフたちも、私が日本に帰国する頃には見違えるくらい、やる気満々になっていました。私に対しても、「そのやり方よりこっちのほうがいいのでは？」とか「英語がうまくなってきましたね」というように、フィードバックしてくれます。

もちろん、そうした雰囲気が店全体に好影響をもたらしたのは言うまでもありません。「チキンが美味しくなった」と言い、訪れてくる地元のリピート客が目に見えて増えていきました。

「100点満点の結果をいますぐ出さないといけない」

上司はそう考えてしまいがちですが、これはかえって逆効果。むしろ**最初は60点でもかまいません。その代わり、時間を少しでも割いてスタッフとの信頼関係をつくる。そうしながら80点、90点を目指すのが、正しい道筋**ではないでしょうか。

このように、私はハワイで今につながる「チームマネジメント論」の基礎を築きました。いや、あの店のスタッフに教えてもらったというほうが正確でしょう。

部下、スタッフと触れ合う時間の長さと信頼性は必ず比例します。そうしたコミュニケーションこそが、チーム力アップへの一番の近道なのです。

鉄則
19

部下と一対一で話す際は、表情、姿勢の変化を機に話をより〝深化〟させる

――相手の価値観を引き出し理解するのが対話のキモ――

チームを運営していると部下から相談を受ける機会があります。仕事の進め方、同僚との人間関係、あるいは結婚や介護など人生の転機についてなどなど。

この**部下からの相談は、彼、彼女たちをやる気にさせたり、その能力開発ができる絶好の機会**ですから、大切に取り扱ってください。

そもそも相談事を部下が持ってくるというのは、上司であるあなたに期待しているから。だから、本来は喜ばしいことなのです。これを面倒だと思う人は、厳しく言えば人をマネジメントする管理職としての今後の成長は難しい、と考えていいかもしれません。

部下から真剣、深刻な相談を受けた際には、できる限りふたりきりになれる場所に移動することをオススメします。場所を変える目的は、人から聞かれる心配のないところで、安心して本音で話をしてもらうためです。

このとき

「あなたの本音を聞くために、会社の人の目の届かない場所にしたんだ」

と、ハッキリ伝えると相手はさらに安心できます。

私の場合、さらに

「だから、あなたの役割は今から本音でお話しすることです。いいですか?」

と念押しし、

「はい、本音で話します」

と相手が納得してから、面談に入っていました。

人は自分で口にした約束事は守ろうとするものです。「はい本音で話します」の言葉を引き出しておくと、ウソやごまかしが出る恐れがグンと減ります。


面談のポイントとしては、まずその意図を自分のなかで明確にしておくこと。

面談の名目は何でもかまいませんが、部下のやる気や能力を引き出し、会社の方針に沿って成果を出せるように導くことが、最大の目的であるということだけは、絶対に忘れないでいてください。

その際に大切にしたいことは、部下に何を聞くかではなく、部下が仕事のうえで何を大切にしたいのかといった価値観を引き出し、それを理解することです。

部下の価値観を理解するポイントは、とにかく「傾聴」することと部下の変化を見つけること。そのためには、まず相手の悩み事を一通り聞く。そのうえで、「そうなんだ」「それで」などの相づちを適宜入れつつ、相手の話しやすい環境を維持します。

ただし、よく相手の目を見て話せと言いますが、このワナに注意。**目と目が合ってしまうと人は本能的に緊張感や警戒心を抱きます。ですから、目線は相手の眉間か鼻に。そして一点に集中するのではなく、相手の表情や姿勢全体を包み込むような感じでやさしく見てあげると、緊張も薄れます。**

相手を観察していると、やがて身振り手振りが入ってきたり、声のトーンが高くなったり、目をかっと見開いたり、といったように表情や姿勢が変化してくる瞬間があります。このときは相手の感情が動いているので、「もっと聞かせて」「具体的には？」といったように、会話の最初の頃に入れていた相づちよりもっと具体的なフレーズをはさみ、さらに相手の考えを引き出していきましょう。

感情と価値観はひもづいていますから、表情や姿勢が変わったときの話をさらに深く聞くことができれば、やがて相手も「私にとって、このことが一番大切なことなんです」のように、本心を明らかにしてくれるはずです。

それを聞いたうえで、「会社の目標に沿ってできること」や「現場でできること」を尋ねる。すると、会社の方向性と本人のやりたいことを合致させられる答えを、相談者から導き出せるのです。

こうしたやり取りを通して、相談者の価値観を上司は共有することになります。そうなると相談者は「この人は自分の大切にしたいことを理解してくれる人だ」と思うようになり、強い信頼関係ができます。加えて、上司としても今後、仕事を任せる際に、その意図を理解してもらいやすくなるメリットが生まれるわけです。

このプロセスは、上司の対話力、信頼関係構築力を飛躍的に向上させますので、ぜひチャレンジしてほしいと思います。

鉄則
20

仕事への取り組み方を変え、〝未来の人生〟を充実させる自分の過去の〝振り返り〟

――〝思い込み〟がよい感情を生み、自信がさらに強くなる――

第1章で、会社に入った際に抱いていた「初心」が、自分の理想像と密接に関係していることを説明しました。この「振り返り」が非常に重要です。なぜなら、自分自身の人生を振り返ることで、〝未来の自分〟をより充実させることができるからです。

過去を振り返る一番重要な理由、それは、過去を自覚すると、大切にしたかった自分の価値観が浮かび上がってくるから。

たとえば、「仕事で何か新しいことにチャレンジしている自分が好きだ。そんな自分こそ価値がある」と感じる人は、何かにチャレンジしているときにワクワクしたり、期待感を持ったりするでしょう。

あるいは、「仕事は人の役に立ってこそ価値がある」と思える人は、実際に仕事を通してお客様やメンバーの喜ぶ顔を見ると喜びに満たされます。

価値観は人によって違いますが、すべて過去の体験をベースにしたまさに〝思い込み〟です。一度自分のなかで形成された〝思い込み〟(前述の例でいえば「チャレンジすることに価値がある」「人の役に立ってこそ価値がある」)は、「よい感情」を生み出しますから、実際にチャレンジしたり人の役に立つ行動をとったりすると、「やってよかった」と思い

「自分の選択は間違っていない」と確信を持つのです。

自分のやっていることに確信が持てると、自信がつきます。自信がつくと自分の大切にしていることを人に話したり、仕事で生かしたいと、さらに思いを強くしたりします。

その結果、行動量がどんどん増加するわけです。

こうしたことを繰り返していくうちに、人は成長し「アイデンティティ（自己認識）」が確立されていきます。これが、いわゆる「ブレない自分」をつくり上げていくプロセスなのです。

「ブレない自分」ができれば、どんな部下が来ても、どんな上司であっても、どんな環境であっても、自分ができることに集中するので周囲のことに左右されません。

言い換えれば、**これこそが「自由」を手に入れる術**ではないでしょうか。

過去における自分の感情を思い出すことで、自分の大切にしたいことが理解でき、現在の課題に気づく。実はこれは私のオリジナルでもなんでもなく、海外のビジネス研修でも普通に行われていることなのです。

無論、プライベートな問題もありますので、みんなの前でやる必要はありません。

面談で行う場合、基本的には、新入社員の時代から始まり、2年目、5年目、10年目、15年目……と、仕事で過去にあったことを思い出し、自分がどんなことに喜び、どんなことに傷ついたかを振り返ってもらいましょう。

するとやはり、意外なことに気づきます。

たとえば、会社に入ったころは営業にいて、お客さんに喜ばれることが非常にうれしかったのに、配属が変わって人と会うことが少なくなり、それとともにモチベーションが落ちていったとか。そこで、

「では、どうなったら、再び仕事に喜びを感じられるようなると思う？」

「どういう環境になればいいの？」

「どういう行動をとり、どういう能力を発揮できればいいの？」

というやりとりをしていくうちに、イメージがだんだん明確になるわけです。

そして、正直な感情と向かい合い、自分が本当に望む感情が再現できるイメージを描き、具体的な目標として設定できたなら、仕事への取り組み方は間違いなく変わっていきます。

そのためにも、「振り返り」を部下とともに行うのが大事なのです。

鉄則

21

封印していた記憶の〝再生〟により ぶっきらぼうな性格で やる気ゼロの社員も変わる

――人生で輝いていた時期に、今後のヒントあり――

実際に自分自身の過去を振り返ることで、仕事への情熱を取り戻した人物の話を紹介しましょう。

Kさんという男性はケンタッキーフライドチキンのとある店舗の店長で、私はスーパーバイザーとしてかかわり合いを持ちました。

K店長は私の前任のスーパーバイザーからの評価が低く、ひどくくすぶっていました。

「ああ、どうせオレなんてそんな扱いしかされないんだな」

という、まさにやさぐれた雰囲気を常に漂わせています。

せっかく自分のお店を持ったのに、すっかりやる気を失っていたわけです。

「もう、一生懸命にやってもしょうがないな」

そんな状況に陥っていたところに担当が代わり、私がスーパーバイザーを任されることになりました。

K店長は私より10歳くらい年上でしたが、もともとがぶっきらぼうな性格で、コミュニケーションも苦手。だから誤解を受けやすく、アルバイトの定着率もよくありません。

何とか状況を改善しなければならないのですが、何せ当人にやる気があまり感じられないわけです。

「お店をどうしたいですか？」

「売り上げを上げて、アルバイトさんが辞めない店にしなければいけませんね」

口ではそう言っても効果的な対処法が出てくるわけでもなく、そもそも心からそう思っているようにも見えません。

そこで店長に、過去を振り返ってもらうことにしました。具体的には、**「やる気があった頃のこと」を、思い出してもらうことにした**わけです。

「なぜ、ケンタッキーに入社したのですか？」

「入社した頃の、こころざしはどんなものだったのですか？」

「結婚されたときは、自分の人生をどんなふうにしようと思っていましたか？」

「店長に昇格したときは、どんな思いを持っていましたか？」

「お子さんが生まれたときは、どんなオヤジさんになろうと思っていましたか？」

「いろんなお店を経験されていますが、なかでも一番調子がよかったお店のことを教えてください」

こうした質問をしたところ、ぶっきらぼうだった店長が、そのうち堰を切ったように当時のことをしゃべりだしたのです。

記憶のかなたに押しやっているものを引っ張り出し、引っ張り出された記憶が、またさらに封印していた記憶を呼び起こす。そのときの状態を思い出し、頭に描くと、当時の感情も戻ってくる……。

だんだんK店長の目は輝き、言葉にも力が入ってきました。

「あのときは、こんなふうに考えていたんですよ。楽しかったなあ」

聞いている私も、過去のことを知って感心します。こうしてスーパーバイザーの私と、やる気を失っていたK店長は、感情を共有することができました。

それから彼のお店は、大きく変わっていったのです。

鉄則22

自分の人生で学んだことを全メンバーと共有すると、チームは猛スピードで変わる

――全国ランキング第1位を引き寄せた大きな変化――

感情を共有できれば、当然ながら信頼関係も生み出されていきます。私とK店長も本音で話し合えるようになったので、こんな質問をしてみました。

「店長は仕事をしていて、何を大事にできたら一番いいと思っていますか？」

その答えとして、ひとつは「商品のよさを広めたい」というもの。

ケンタッキーの日本上陸当時に、彼はフライドチキンを口にしたわけです。

「そのとき、こんな美味しいものが世の中にあったんだ、と感動しました。この商品はすごい！　だからこの会社を選び、この味を大事にしていきたいと思ったんです」

それで店長は、職人気質なお店の運営を一貫して続けていました。

「チキンだけは妥協を許さない！」というこだわりが、ときには周りの人を遠ざける結果にもなっていたわけです。

もうひとつ彼が語ったのは、「本当は人を大事にしていきたいんです」ということ。

「辞めていくアルバイトさんにも、いつも申し訳ないとは思っているんです。せっかく親御さんから預かっているのに……。私も家族を大事にしているので、大切にできなかったことを皆の親御さんに申し訳なく思います」

そんなふうに打ち明けてくれます。

それから私たちのチーム改善が始まりました。

私が店長のお店に行くのは当時、月に5、6回くらいです。2時間程度の滞在で実際に店長と話ができるのは長くても1時間くらい。しかも毎回ではありません。

そこで、とにかく店長の行動を観察し、未来のイメージと照らし合わせたフィードバックと、そのフィードバックについてK店長自身はどう考えているかを質問しました。

すると、厨房にいることが多かった店長の行動範囲も、だんだん広がっていき、カウンターにいるアルバイトの女の子にアドバイスをするようになります。

アルバイトたちも店長の思いを受け取っていきますから、やがてコミュニケーションも活発になり、お店のオペレーションもよくなります。

それまでは「頼んだメニューが入っていない」「新メニューを店員に聞いてもわからない」といった、お客さんからのクレームも多かったのです。それもオペレーションが活発になったことで、ほとんどなくなりました。

やがて、お客さんからの評価も高まり、お店へのリピートも増えてきたのです。

店舗は地方のショッピングセンター内にありましたので、お客さんも固定客がほとんどでした。それも功を奏してリピートが増えるだけで、お店の売り上げは10％も上がったのです。私がスーパーバイザーを担当してから、３カ月目のことでした。

そして1年後には、**本部が実施していた顧客調査で、ついに全国ランキング第1位を授賞**したのです。

アルバイトもそれまではまったく定着しなかったのに、優秀な店員をどんどん育てられるようにもなりました。実際、アルバイトで入った女性が入社を決め、いまも社員としてがんばっています。

あのやる気のなかった店長でも、ここまで変わることができたわけです。

感情に焦点を当て、大切にしたいことを引き出してあげる。その大切にしたいことを積み重ねられる未来をイメージさせる。そのイメージを実現できるよう全メンバーと共有する。これだけでもチームは、猛スピードで変わります。

つまり、あなたも確実に素晴らしいチームをつくれるはずなのです。自分と部下を、まずは信じるところから始めてみてください。

鉄則
23

人事評価を正しく使えば部下の積極性が格段に増し、自身の観察眼もより磨かれる

――〝金銭的報酬〟ではなく〝精神的報酬〟にこそ重きを置く――

上司の大切な仕事のひとつが人事評価です。そして、これはとても大事であるがゆえに、同時にとても悩ましい問題にもなってしまいます。実際、中間管理職を対象にしたある調査によると、人事評価を行う際に悩んだり困ったりすることがある人は74・8％にも上りました。

人事評価は当然、部下の収入に大きくかかわってきます。となると、当然、納得できない部下も出てくるわけです。「アイツとは、なんでこんなに差があるんだ！」とあからさまに不満な表情を浮かべる、いや、それどころか直接怒りをぶつけてくる部下もいることでしょう。

そうなると、ついつい無難な評価をつけたり、あるいは、部下に好かれたい気持ちや、気の合う部下への温情から、冷静で客観的な評価ができないなどということも、あるかもしれません。

こうした感情に流されて部下の人事評価をすると、その場は丸く収まるかもしれませんが、果たしてこれで上司の役割を果たしていると言えるのでしょうか。

そもそも**上司には、会社に対し部下の正当な評価を報告する義務があります。**そうした情報をリソースとし、会社の未来の構想が立てられるわけです。つまり、**部下への「忖《そん》度《たく》」「温情」は、会社に対する「背信行為」**ともいえるのです。

さらに、上司には「部下を成長させる」「部下の能力開発をする」という重要な役割があります。その点、人事評価の機会は部下にこれまでの成長を実感させ、それ以降の仕事にポジティブに取り組ませる絶好の機会なのです。

とりわけ一対一のミーティングの習慣がない会社においては、なおのこと、じっくり部下と向き合って話をする貴重な機会となります。そこに向かう姿勢で、上司としての「あり方」も決まるのです。

では、実際にどのように評価を行えばよいのでしょうか。

上司が常に悩むのは、数値で測れる「定量評価」より、質のよい行動や信頼関係構築などを問う「定性評価」のほうが難しいということ。

「会社の行動規範をつくったので、社員の定性評価に使おうと思います。でも、そもそも部下の行動を評価する際の基準に主観が入るのは致し方ないのではないでしょうか？」

私も、こんな質問を受けることがあります。

半年に1回のボーナス査定に定性評価を加味している会社は、その評価方法自体が「恣《し》意的《いてき》で不公平だ」と社員の不満の対象になりがちです。

実は、この問題のポイントはふたつあります。

まず、**具体的な判断情報が少ないために、評価される部下が上司の主観で決められたと思うこと**。そして、**評価基準をボーナス査定でしか使わないため、金銭的報酬の実感しか得られないこと**です。

これを解決するには、明確な判断情報を共有し、そして精神的な報酬を与えること。

たとえば「チームの一員として信頼関係を築き、協力して仕事を進めている」という評価項目があり、「優れている」「まあよい」「いま一歩」の3段階評価に分かれているとしましょう。この場合、

「『信頼関係』とは、具体的にどんな関係を指すのか？」

「誰から見た『信頼関係』なのか？」

「『優れている信頼関係』とは何ができていれば達成できるのか？」

「『協力』というのは、誰に対するどのような行為なのか？」

といった点が、評価者である上司と評価される部下とで合っていないと、どんな評価を

下しても不公平感が残ります。そして、この不公平感は上司や会社への不信感も生み出しかねません。その一方で、こうしたことを具体的に明文化するとなると相当な分量になりますし、忙しい社員たちがいちいち目を通すかも疑問です。

では一体どうすればいいのか。

端的に言えば、評価基準のフィードバックを常態化させること。上司は部下の行動や仕事の進め方を観察し、「信頼関係を築く」や「協力して仕事を進める」ことについて、「そのやり方はいいね」とか「少しズレているのでは」と、日頃から説明すべきなのです。

個人へのフィードバックももちろんですが、定例会議などで「優れた信頼関係」を築けた事例を評価すれば、上司が考える評価基準がメンバーにより理解されるでしょう。

そもそも**「よい仕事」をした際に、その都度上司からの評価やフィードバックがあれば、部下も成長を実感することができます。その結果、部下の仕事に対する主体性、積極性も増す**のは間違いありません。

これが**「精神的報酬」**なのです。

「金銭的な報酬」は短期的なモチベーションを生み出しますが、金銭という外発的な動機によるもの。ですから、ボーナスが上がらないとわかるとたんにやる気をなくしてしまいます。こうした、いわゆる**「アメとムチ」では人は継続的に動けるようにはなりません。**

逆に普段からフィードバックを積み重ねたうえで半期に一度の人事評価にあたれば、仮に「いま一歩」の評価を下されたとしてもその理由がわかるので、部下はあからさまな不公平感を抱くことはなくなるでしょう。

つまり**人事評価のキモとは、半年や1年にいっぺんのボーナス査定評価ではなく、日頃のフィードバックツールとして、当たり前のように行う〝習慣〟にすべきだということ。**このプロセスを通じて、部下は精神的にも成長します。さらに**習慣化することによって観察眼が磨かれるので、上司も部下の強みを引き出す力を高めることができる**のです。

部下は成長して行動力が増す。他方、上司も部下に対する観察力が上がる。加えて、定性評価の基準を常に共有することで、チーム力と協調性も向上させることができる……。

これは、やらない手はないオススメのメソッドです。人事評価に悩む方は、ぜひ一度お試しください。

第4章

ムダだらけの「会議」が「成長エンジン」に生まれ変わる逆転のファシリテート術

鉄則

24

月間の人件費は16万3264円。会議の質と生産性の改善は、コスト計算から始める

——経営的に重要な目的の明確化と費用対効果——

どこの会社でも会議はほぼ必ずありますが、それこそズバズバ決めていく会議もあれば、ダラダラいつまでも続く会議もあるなど、ある意味、その会社、部署、チームの生産性を如実に映す鏡になっていると言っても過言ではありません。

当然、リーダーには会議を実りあるものにする責任があります。ところが、**うまくいっていないチームの会議は得てして、「そもそも明確な目的もなく、集まって話す場を設けているだけ」になっている**わけです。

実際、私はコンサルタント業務の一環で、クライアントの会社の会議に出ることもあります。そこでよく見受けられるのは、多くの参加者の参加意図がバラバラで、会議がどんな状態で終わるのか、何のために行うのかも共有されておらず、社員がただ時間を過ごす〝受け身の姿勢〟で終わってしまうような光景です。

アイデアを出し合う会議なのか、単に情報を共有する会議なのか、それとも社長が喝を入れるための会議なのか。**何が狙いにしろ、最初に目的を決め、全員の方向性が一致していない限り、会議の効果など上がるはずありません。**

そもそも、あなたの会社の会議には一体どれくらいのコストがかかっているか、把握したことがあるでしょうか。

たとえば、年収４００万円の社員が20人集まって1時間会議した場合、**1回の会議にかかる人件費だけで４万８１６円**かかります。毎週の定例会議だとしたら、月間コストは４回実施したとして16万３２６４円。年間になると１９５万９１６８円に上ります。**年収８００万円なら、その倍の年間４００万円近くになってしまう**わけです（営業日数２４５日間、労働時間1日8時間とした場合）。

けっこうな金額ではないでしょうか。この数値からも、会議の生産性を常に意識して上げていくことは、いかに経営的にも大切であるかがわかるかと思います。

もちろん、ムダな出費を抑え、投資に見合った回収をするのは当然のこと。ですから、まずは会議を行う目的を明確にして、そのために何をどうするのかという〝会議戦略〟を考えてみましょう。

何より**会議は、会社で大切にしたいことを共有し、社員同士の理解を深め、新たな価値や発展を生み出すための貴重な機会**です。心が動くような会議を、毎回積み重ねていくことによって、メンバーの会社やチームに貢献したい気持ちや目標に向かうエネルギーを高めていくようにしなければならないと、リーダーなら絶対に肝に銘じておくべきなのです。

鉄則 25

事前、本番、事後の検証という「会議のPDCAサイクル」を、常に回すことを忘れない

――コストと同じくらい大切なのは「感情」――

会議やミーティングはコストも大事ですが、それと同じくらい重要なのは「感情」です。

つまり会議が終わったあと、参加者の感情はどうなっているか。その中身次第で、仕事のアクションのレベルが決まるわけです。

売り上げの推移を皆で報告し合っても、「なるほど、何か具体的な手を打たなきゃな」という次のステップへのモチベーションが上がらなければ、会議を開いた意味はゼロ。

あるいは、社長が「なんだ、この数値は!」と大激怒しても、「よし、盛り返すぞ!」というやる気が社員に芽生えなければ、それは会議ではなく単に社長のストレス解消の場にすぎないわけです。

ですから、生産性の高い会議を行うには3つのポイントをまず抑えることです。

①「何のための会議なのか?」(会議の目的を明らかにする)
②「何をする会議なのか?」(会議の進め方・戦略を明らかにする)
③「終わったときにどうなっていればいいのか?」(参加者の感情を明らかにする)

この3点を会議が始まる前に決めておき、参加者全員の共通認識にしておくといいでしょう。たとえば、現在展開中の営業キャンペーンに関する中間報告会議を考えてみてください。「中間報告会議をやります」とだけ事前に伝えていると、報告すること自体が目的化しがちになってしまいます。

それを防ぐためにも

①「何のために中間報告会議を行うのか？」
↓例：それぞれが主体的にキャンペーンに取り組み、最高の結果を出すために、いまの活動をどう変えていけばいいのかを〝自分ごと〟として考えてもらう会議

②「何をする会議なのか？」
↓例：成功事例・うまくいってない事例の共有、最高の結果とはどんな状態なのか具体的なイメージングとその共有、当キャンペーンの目的の再確認

③「終わったときにどうなっていればいいのか？」
↓例：キャンペーンを最高の状態で終わらせたいという気持ちになっている

のように、あらかじめ設定、告知しておくのです。

①②③が事前に全参加メンバーに共有できていれば、あらかじめ意見を考えて会議に臨みやすくなるので、当然、議論の質も向上します。また、**その会議が成功したのか否かは、③の状態がどうであったかを参加者に振り返らせることで確認できます。**

具体的には、③の状態がどれくらいの「質」で実現できたかを振り返ってもらいます。その指標として、次ページに掲載したような4段階のアンケートを使うといいでしょう。

これを使えば、会議の質も見える化できますし、今後の改善点も容易に考えられるわけです。役職にかかわらず参加者意識を高めていくことができますし、新入社員でも会議を取り仕切れるトレーニングができます。

質のよい会議を自分たちのチームの大切な資産にできるよう、事前準備を行い、話し合う目的ややり方、求められる結果を共有するとともに、会議後はその内容を評価して、次回の会議に向けた改善策を立てる。

こうした**「会議のPDCAサイクル」**を回すことで、会議の生産性はもっともっと向上することができるのです。

会議の生産性をさらに上げる「4段階のアンケート」の一例

会議終了時アンケートシート　　　　氏名：ビジネス一郎

1．会議が終わったときのあなたの気持ちは？

A. 最高に前向きな状態

B とても前向きな状態

Ⓒまあまあ前向きな状態

D あまり前向きにはなれていない

2．何があればさらにいい感情が持てると思いますか？

もう少し、議題を細かくセグメント化する必要があるのではないでしょうか？　何が問題で、そのために何が必要なのかをもっとはっきりさせれば、私も含めてより建設的な意見が出るのではないかと思います。

3．今回の会議のよかったところは何でしょうか？

コンプライアンスの新たな基準について、総務部から説明があったところ。後輩から質問を受けていましたが、いまいち把握しておらず説明できなかったため、ちょうどいいタイミングで話が出たのがよかった。

4．今回の会議で改善したほうがいいと思うところは何でしょうか？

制限時間をオーバーする発言が続いたため、後半若干集中できなくなりました。しっかりと制限時間を守らせる対応が必要だと思います。

5．提案・要望・質問があればお願いします。

会議を早く終わらせようとする意図があるのか、Aさんがやたら結論に急ごうとするのにはちょっと違和感を覚えました。次の司会の担当者は、しっかりと議論する方向にもっていってほしいと思います。

このアンケートは会議生産性向上のリソースとして使わせていただきます。

ご協力ありがとうございました。

鉄則 26

司会、書記、タイムキーパーの持ち回り制で実現した、仕事理解力の大幅な底上げ

――「全員参加型」で責任感と自発性を育て上げる――

会議をさらに有効利用するために、私は「全員参加型」を心がけてきました。もちろんただ出席するだけではありません。**発言から進行に至るあらゆるプロセスに、スタッフ全員が主体的に参加するようにセッティング**したのです。

具体的にはケンタッキー時代、月に一度、店内ミーティングが行われていました。そこで私は、会議の司会進行をアルバイトに任せたのです。

ただし、もちろんいきなり「来週、司会やって」というような無茶振りはしません。積極性、やる気のあるスタッフにあらかじめ打診します。それから、簡単に司会についてレクチャーするのです。

このレクチャーが非常に重要なポイント。ここで、司会進行のやり方のみならず、いま、店はどうなっているのか、会議のテーマとなる店舗の問題点や今後の見通しは、どうなるのか、といったことを伝えたわけです。

さらに、実際に会議で司会を務めると、私がとらえていた問題点以外のことにも気づくことがあります。つまり、**会議前にレクチャーを受け、そして会議で議題を回すことによって、司会進行役は店の全体的な問題や対策を総合的に理解することができる**のです。

そうなると、どんな変化が起こるのか。

司会を務めたスタッフの店に対する意識は、店長である私と同等になります。となると、どうしても私でなければ決められないこと以外は、そのスタッフに任せることができる。そうして生まれた時間を使って、私は新規顧客獲得のために営業に出たり、あるいはマーケット調査をするなど、店舗、会社により有益な行動ができるようになったのです。

一方、司会役のスタッフは他のスタッフより店のことを理解しているので、影響力やあるいは仕事への積極性も高まります。その結果、店長の代わりになって店を切り盛りする力が断然アップしたのです。

さらに、私はこうした司会、書記、タイムキーパーといった役割を、ひとりに固定せず、持ち回りにしました。そうすることで、スタッフの仕事や店舗の状況などに対する理解力が、全体的に大きく底上げされたのです。

もちろん、会議の司会進行を逐一補助したり、あるいは会議後に司会や書記などによかったところや課題をフィードバックするのは、リーダーたる私が必ず行いました。

これはもちろん会社組織にも流用可能なシステムです。常にリーダーが司会まですると、どうしてもメンバーの責任感や自主性にマイナスの影響を与えてしまいます。ですから会社の部署レベルだったら、社員全員に司会を順番にやらせるというのも、ひとつの手ではないでしょうか。

ここで疑問を持つ方もいるかもしれません。「司会進行役には向き、不向きがあるのではないか」と。

もちろんその通り。そうした場合、たとえば前回司会を務めた人が適宜フォローする、あるいは前回担当と今回担当のふたりで場を取り仕切るなど、不向きだと思われる人でも、司会に取り組み、チーム全体の業務の把握ができるよう、ただ単に斬り捨てるのでなく、救い上げるべきではないでしょうか。

そもそも、司会進行に難ありの人がいるなら、それはその人ではなく、きちんと役割を伝えられない上長の責任以外の何ものでもありません。ここをはき違えて「アイツは向いてない」などと判断し、1回限りでローテーションから外すなど〝拙速〟の極みです。

全員参加型の会議で責任感と自発性を育てる。これもリーダーの会議における大事な役割なのです。

鉄則

27

議論をより活発化させる「Do」のルール化と、声には出さない意見の表明

——埋もれがちな大事な意見をすくい上げる柔軟性——

会議やミーティングを円滑に進行するためには、あらかじめルールを設けておくのも非常に効果的です。

もちろん、〝暗黙の了解〟も含めて会議のルールを設定している組織も多いはずですが、その大半は「遅刻するな」「ケータイを鳴らすな」「私語は慎め」などなど「やってはいけないこと」、つまり「Don't」のルールです。

反対に「やるべきこと」、つまり「Do」をルール化しているところは少ないのではないでしょうか。ですが実際には、この**「Do」こそが大事**なのです。では「Do」のルール化とは一体どういうものなのでしょうか。一例を挙げます。

①最低、3回は発言すること
②意見に対して納得していないときは、必ずそれを表明すること
③同意をするときは、必ず自分の言葉で語ること

見ておわかりの通り、**「Do」のルールが重視しているのは「参加者意識」**。

たとえば少人数で30分くらいブレインストーミングをするとき、この3つのルールを設けておくだけでも、ものすごく活発なアイデア議論ができます。

もちろんルールは上司が一方的に決めるのでなく、みんなの同意で決めることが重要です。つまりルール設定の段階からして、「参加者意識」を強く求めるということ。

「上司が決めたルール」だと、「とりあえず破らなきゃいいや」という具合に、みんな適当にしか守りません。

しかし**「自分たちで決めたルール」だと、「決めたことは守らなければいけないな」という強制力が強くなる**わけです。周りの仲間たちに対しても、破ったら申し訳ないという気持ちが働きます。


また、たとえ賛否を決めるような挙手でも、「すべての参加者に反応をさせる」ということを心がけるべきです。

手を挙げていない人がいたら
「○○さんは反対ですか？」

とあえて聞く。

あるいは、手を挙げているにもかかわらず、表情が「フーン」という感じの人には、

「いま手を挙げていらっしゃいますが、少し不満そうに見えます。何かありますか？」といったように、きちんと指名して意見求めたりします。

ここで「いや、わかりました。明日からやります」などの反応が引き出せれば、それでOKなのです。人には一貫性を保ちたいという本質がありますから、言葉や動作で表明したことは守ろうとします。

さらに、**会議で決めたルールを、会議中は参加者全員に見えるところに掲示するといい**でしょう。たとえば「発言は2分以内にまとめる！」といったルールを決めていても、自分の話に夢中になると、ついつい忘れてしまう人もいます。そんなとき、司会者が掲示しているルールを指さすだけで、本人に気づかせることができるわけです。

ただ、**どうしてもなかなか発言できない人もいる、あるいはテーマによってはなかなか活発に意見が出ないときもあるでしょう。そんなときに役立つのが、またもや付せん**です。

やり方は「褒めワーク」と一緒。

付せん紙をあらかじめ配布しておき、発言がしづらい際に、自分の意見を書き込んでもらうだけです。そして、あとでそれを集めて、ホワイトボードに貼りつけ意見の仕分けをします。

このやり方のいいところは、意見を書くときに人の顔を見る必要がないということ。口下手な人にとって、話している最中に不信な顔をされただけで話したいと思っていたことが飛んでしまうこともあります。

せっかくのいい意見がしゃべり方ひとつで台無しになってしまっては、チームにとっても大きな損害です。だから付せんを使って意見を表明してもらうことで、少しでも有益なアイデアを拾うようにすればいいのではないでしょうか。

「会議の成功」の定義は、「時間のムダなく建設的な方向性を見い出せた」ということ。

その本質を忘れず、ときにこうした柔軟性を発揮するのもまた、できるリーダーの役目なのです。

鉄則28

会議をチームワーク向上のツールにガラリと変える、ファシリテーターの必要性

――「オレが引っ張ってやる」系は、もはや時代遅れ――

チームが集って行う会議は、あくまで「みんなで目標を達成するために考える場」です。ですから、上司の立場は「監督者」でもなければ「教師」でもありません。あくまでチームの一員。だから対等に話し合い、対等に相手を尊重して、その意見に耳を傾けることが必要なのです。

ところが、この対等の関係が、どうしても築けないリーダーが、少なからずいます。**ベテランほど、どうしても古いタイプ、つまり「オレが引っ張ってやる」系のリーダーシップにとらわれがち**です。

もちろんリーダーには経験がありますから、部下たちよりも、自分のほうが正しい答えを知っている場合もあります。また答えを提示することで、上位の立場をしっかり示したいというプライドもあるでしょう。

だから、せっかく部下たちが話し合って案を出しても
「この方針のほうが絶対にいいから、オレの言う通りやってみてくれ」
と、結局のところ自分の考えを押しつけてしまう……。

これでは、話し合った時間がまったくのムダ。

ただ、みんなを集めて時間をかけた挙げ句「これをやれ！」と指示を出しているのと、実質的には何も変わりません。

私のもとにも、半ば部下を脅すように指導してきたリーダーの方が、「いまのままでは部下がついてこないから自分を変えたい」と訪ねてくるケースが間々あります。

「自分を変えたい」ということは、つまり「自分のやり方は通じない」ということを自覚しているわけです。

スパルタで知られた故星《ほし》野《の》仙一《せんいち》監督も、晩年はその指導方針を変えていました。やはり、**いまの多様化した時代では、リーダーの価値観を押しつけて引っ張るスタイルが、ますます機能しにくくなっています。**

ですから、**会議自体を〝チームワークを向上させるツール〟だととらえ直すことが大事**なのではないでしょうか。

日本の会議では、意見の対立はしばしばイヤがられます。しかし、これを積極的に歓迎するのです。会議の生産性を上げるためには、本音で話し合わないと意味がありません。

理想は会議終了後、参加者全員１００％納得すること。たとえそれがムリでも、真剣に話し合わないと、その近辺にすら到達できず時間のムダとなってしまいます。

そもそも、会議に参加する人たちのタイプは次の5種類に分類できるでしょう。

①自己主張を強くするが、人の意見に耳を傾けようとしないタイプ

②自己主張もあまりせず、人の意見にも関心を示さない、回避的なタイプ

③自己主張はあまりしないが、人に意見には耳を傾けるタイプ

④自己主張も強くし、人の意見にも耳を貸そうとする主体的なタイプ

⑤右記4つが玉石混合しているタイプ

このようなタイプの人たちの本音の意見を引き出し、意見をぶつけ合わせ、お互いの違いを理解することで相互作用を引き出し、合意に導く。この作業を「ファシリテーション」と呼びます。つまり**上司は「ファシリテーター」であるべき**なのです。

人は、それぞれ大切にしたいものが違います。だから、意見の相違があるのは当たり前。**その前提に立って議論をリードすれば、対立を恐れずに意見を引き出すことができますし、**

ファシリテーターの目標は会議の参加者を右上へと変えること

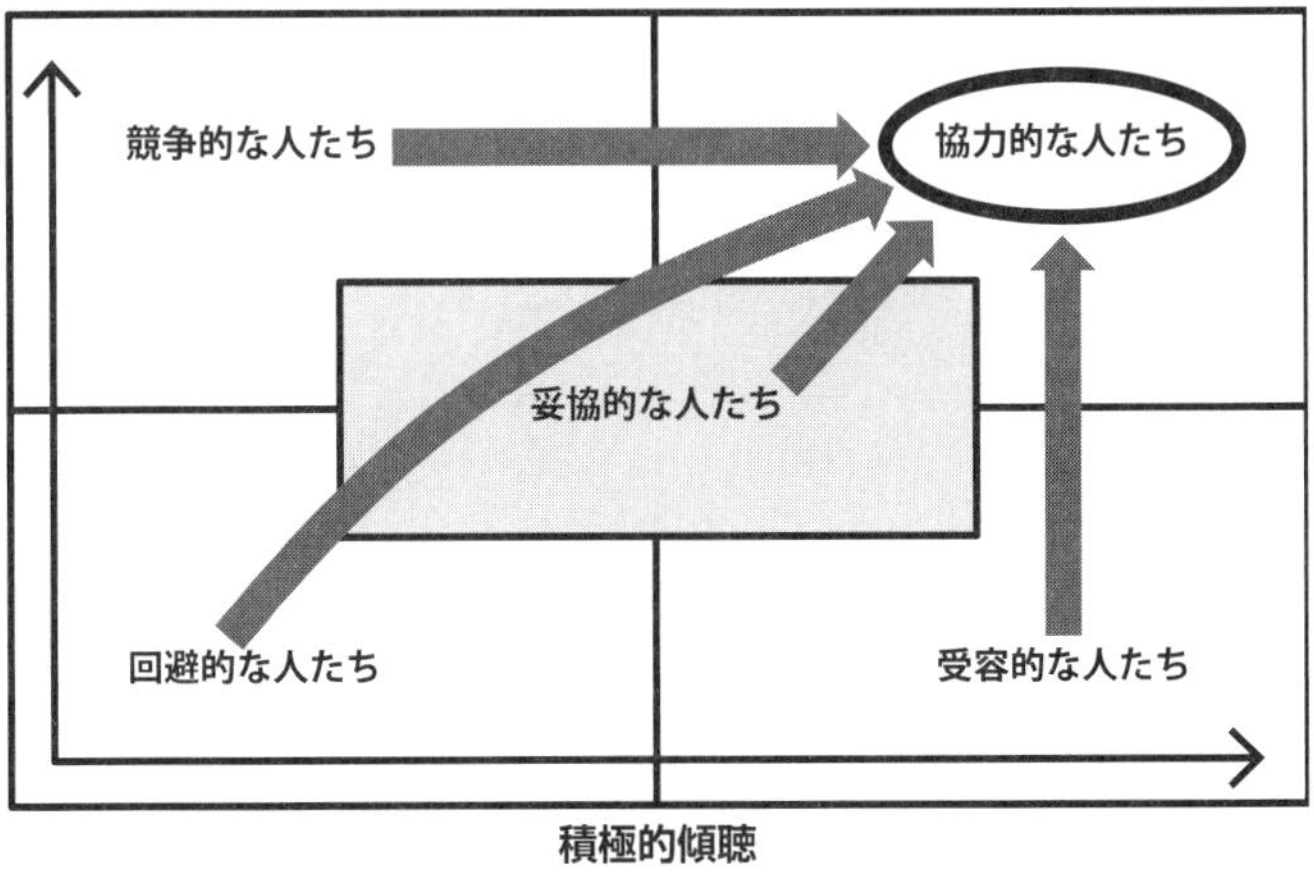

何が違うのかを具体的にあぶり出すこともできます。その結果、お互いの考えていることが理解し合えますので、チームの調和がよりとれるようになるわけです。

当然、そこから新しいアイデアや価値が発見されることもあるでしょうし、それを実現させる方向に向かわせれば、チームはさらに発展します。

この流れをつくり出すため、項目「7」で紹介した「3分間コーチング」を使ってみましょう。

まず現在の状況、問題点などについて共通認識を持ちます。次に、どのような状態が理想的か、意見を出し合います。

ここで意見の相違が出てきたら、「何が違うのか?」を具体的に突き詰めます。人の考えは具体化すればするほど、他の人にもイメージしやすくなります。すると、意見の違う人の考え方も、必然的に理解できるようになるわけです。

そのうえで、現状との差異（ギャップ）を明らかにして、差異を埋めるための行動アイデアを募り、最後に感想を聞きます。

この時点で、お互いの意見は違っても、その本質は理解し合えているはず。これがチーム内の信頼関係の基盤となります。ぜひ、ファシリテーターにトライしてみてください。

鉄則 29

メンバーを未来志向に変え、ハラスメント防止にも役立つ会議の有用な〝機能拡張〟

――多くの人が集まるメリットをうまく利用する――

何度も述べてきたように、会議は生産性が命です。もちろん、短い時間で多くのことが決まる、あるいは共有できれば言うことありません。

ただし、拙速は禁物。せっかく、みんなが時間のやりくりして集まっているのに、時短ばかり追求していたら、目的と手段の逆転、つまり本末転倒です。

そこで、会議の場を使って、効率性、生産性を損ねず、周知できること、会社の事情等について、さらに理解を深めるために有用な〝拡張機能〟を紹介しましょう。

まずは「シェア」です。

これは、会議が始まる前なら、会議に臨む目的や会議のテーマに対する思いなど、会議後なら議論したことから得られた気づきや学びなどについて1分ほど考えたのち、同じく1分程度で一人ひとり言葉にして仲間に伝えるワークです。

実は人は、自分の考えですら正確に把握していません。それを言語化して人に伝えるというひと手間を加えることで、初めて自分の考えが腹落ちするのです。

同時に他の人の考えも聞くことで、自分の考えとリンクして新たなアイデアが浮かんだり、刺激を受けたり、さらにその発言者の知られざる一面も知ることができるので、シェア自体が共有体験となり、その結果、メンバー同士の信頼関係が強まります。

この状態をつくってから、議論を進めていくと、会議の場はより発展していくでしょう。伝えた後に、ひとり30秒くらいでフィードバックをすると共有体験がもっと深まりますから、さらに信頼関係が強くなり、チーム力も当然アップするわけです。


一方で、仕事で発生したクレームやミスは、二度と発生しないよう会議の場でも共有することは確かに大切なことです。ただ、「なぜ起きたのか?」という原因追及に終始してしまうと、犯人探しやあるいは我が身を守ろうとするあまり、会議の本来の目的がズレてしまう危険性があります。

ですから**会議では、起こった結果（クレームやミス）のよし悪しにフォーカスするのではなく、起こった結果をどう未来に活かすのかにフォーカスする。こうした前向きな姿勢で結果を皆で分析することで、メンバーも自然と未来志向に変わってきます。**

さらに、いま大きな問題となっている、種々のハラスメントやＳＮＳでのトラブルも会議を活用することで防ぐことができます。

これらの問題の特徴は、ひとたび発生すると、関係部署や本社などが多くの人たちがその対応に追われて、多大な時間と人的資源をロスしてしまいかねないこと。ですからこうした**ハラスメントやトラブルの発生を未然に防ぐためにも、多くの人が集まり意識を共有しやすい会議で触れるのがいい**のではないでしょうか。

会議でやるべきは注意喚起です。悪評が流れる職場に初めて行くときや、過去にトラウマを持っている方を除けば、何気ない日常で常に「ハラスメントを受けたらどうしよう?」と考えている人は少ないでしょう。SNSのトラブルも一緒です。

なぜなら、基本めったに起こるものでもないし、しょっちゅう起こっていたら、それこそ外部の人に入ってもらってでも改革しないといけません。しかし、**めったに起こらないからこそ、日頃から定期的に注意喚起をしておくことが大切**なのです。

「ハラスメントは起こさせないこと」「SNSの利用時は常に細心の注意を払うこと」といった言葉を視覚、聴覚で確認できる機会をつくる。**人の記憶は「インパクト×回数」で刷り込まれますから、計画的に時期を決めて注意喚起してみるのも効果がある**でしょう。

会議は多くの人がいっぺんに集まる貴重な場です。**生産性を重視しつつ、集団性のメリットを利用するのが真の有効的な使い方**だといえるでしょう。

第5章

面倒だけど力になる、知っておきたい上長の上手な「使い方」

鉄則30

「会社が言うんだから仕方ない」という禁句が消える〝ブレない自分〟のつくり方

――部下への指示がコロコロ変わらない上司の習慣――

リーダーシップの根幹とは何か。それは**「自分軸」**ではないでしょうか。言い換えるなら、自分がいかにブレないかという、しっかりとした軸、幹を持つことです。
ところが、よくあるのが会社や上の方針が変わることによって、部下への指示もコロコロ変わってしまうこと。実際、こういうセリフをよく聞きませんか。

「会社の方針だから、仕方ないじゃないか……」
「気持ちはわかるけど、そういう命令だから……」
「オレだってこんなこと言いたくないけど、そういう役目だから……」

無論、こういうことを言っている限り、いつまでたっても部下の信頼は得られません。**ほかでもない自分が納得できていないことを、そのまま部下に命じる。これで部下にわかってもらおうなど、ちょっと虫がよすぎる**話です。

もちろん、会社には上下の命令系統があり、チームを任されているリーダーは、上から命じられたことをやらざるを得ません。しかし、ただ右から左に伝えるだけでは、

「この人の言うことは、いつもブレブレだな。イマイチ信頼が置けないなぁ」

と思われても仕方ないでしょう。

その一方で、すべての上司が「ブレブレ」だと思われているかというと、必ずしもそうではありません。上からの命令をこなしながら、なお部下からの厚い信頼を得ているリーダーも当然います。

本来、誰だってブレたくてブレているわけではないはず。なのに一体なぜ、このような差が生まれるのでしょうか。

実は両者の違いは、持って生まれたリーダーシップの有無にあるのではなく、**目標へのフォーカスの仕方に原因がある**のです。

たとえば、あなたがいきなり前年比１１０％の売り上げを命じられたとしましょう。当然、部下にはその目標を達成するような働きを求めます。ところが、部下はそのような目標を提示されるのは初めてですから、どのように働けばいいのかわかりません。

そのとまどっている様子を見たあなたは、ついイライラして強制的に指導したり、一人ひとりの特性を考えずに仕事を割り振ってしまったりします。

こうなると、自分では一所懸命、目標達成のために部下を動かしているつもりが、はたから見ると、ただ上からの命令を部下に押しつけているだけ。そう見られてしまうのです。

ここで重要なのは、目標達成の要因を他者＝部下（の働き）にのみ見出しているということ。**本来リーダーは、目標達成のためにまず、自分ができることを考えなければならないのです。**

つまり、110％の売り上げというのものが、自分のチームにとってどういう意味があるのか。目標達成の先に、どんな未来が待っているのか。そのためには何をしなければいけないのか。

もちろん、売り上げの10％アップを目指すわけですから、ハードワークしなければならないかもしれません。では、このハードワークを〝単なる長時間労働〟にしないようにするには、どうすればいいのか。さらに、10％の売り上げアップへのプロセスを、どのように部下の成長への〝機会〟とすべきなのか。

こうしたことをまず考え、会社の命令と自分が大切にしたいことをイメージする。

そのうえで、成長と成果が両立するムダのない戦略を、ミーティング等で部下とともに立案、共有する。そうすれば、部下も自分たちにとっての目標の意味が理解できますし、それに向かって自分の頭で考えられるようになります。

いわば、**会社の求めるものが変わったのだったら、それを〝自分ごと化〟するよう習慣づける。**そうすると、部下にネガティブな感情をぶつけることも少なくなるでしょうし、あの禁句**「会社が言うんだから仕方がない」を口にすることもなくなる**でしょう。

その結果、「あの人は会社の言うことが変わるたびに〝ブレる人〟だ」と思われなくなり、リーダーとしての信頼を勝ち取ることができるのです。

つまりこれが「自分軸」を持つということ。

知らず知らずのうちに、ネガティブな感情を部下にぶつけてしまう前に、会社の目標とチームのモチベーションをすり合わせる。そうすれば、おのず「ブレる」ことはなくなるはずです。

鉄則

31

上を納得させるために必ず事前に用意すべき、有無を言わせぬ〝数字のロジック〟

――「イエスマン」を貫いて社長にのぼり詰めた人はいない――

会社が新しいサービスを導入したことなどにより、現場が疲弊して人を増やさないといけない状況になりました。しかし、上からは人件費を抑えるように言われています。さてこの場合、あなたならどうしますか。

「これ以上、人を増やさないとムリですよ」とストレートに言った場合、**まず間違いなく、「それを何とかするために君がいるんだろう」と言い返される**でしょう。

だからこそ、**チームリーダーは会社や上長に現場の状況を理解させるための〝数字のロジック〟や〝説得材料〟を持っておくべき**なのです。

「競合会社はどうやっているのか？」
「似たような成功事例はどこにあるのか？」
「どの部分が比較対象として、当てはまるのか？」

といった情報は、いまどきネットで検索するだけでも得られますし、大学の同期など社外の人脈を使ってリサーチすることも可能でしょう。

それを踏まえて、現場に人的資源を投入することで何がどう変化を起こし、どのような効果があるのか。「現場の具体的な状況がこう変わりますよ」と、上長がイメージできるような材料をそろえることが、会社を動かす第一歩となります。

「人がいないとダメです」と反発するのでもなく、かといって現場に「上がわかってなくてさぁ」とムリを強いるわけでもなく、新規（人財）投資をしたあとの具体的なビジョンを、しっかりと会社に見せるのが大事だということなのです。

このプロセスに取り組む場合、上長をはるかに凌駕《りょうが》するくらいの根気と熱量が必要でしょう。しかし、それくらいの勢いと戦略をもって上との交渉に当たらないと、部下たちを失望させる結果になってしまうでしょうし、リーダーであるあなたとしても、そうした事態になるのは絶対に避けたいはずです。

管理職には、現場の現状を会社に伝える役目があります。

それを**「どうせ上は言ってもわかってくれないし……」とネグレクトしてしまうと、会社はますます現場軽視の傾向になってしまう**かもしれません。加えて、そんな姿を見せていては部下も信頼してくれなくなるでしょう。

「中間管理職」は上と下に挟まれた、大変な仕事だと思われがちですし、それも一面事実です。ただし、**現場と会社の間に入っているからこそ、単なるイエスマンであってはなら**

ないのです。

もちろん、現場は現場で努力させないといけません。

それと並行して、状況を変える改善策を具申すれば、たとえそのときは認められなくても、現場と会社の橋渡しをし、相互理解を深める貴重な機会となります。

つまり、それこそが会社にモノが言える管理職しかできない役割なのです。

何でもイエスマンで、上の言うことばかり聞いていると、実は自分自身の価値をも下げかねません。**どんな会社でも、イエスマンを貫き通して社長までのぼり詰めた人はいないはずです。**

役割が違って視点も違うのだから、意見の相違はあって当たり前。意見をぶつけ合うからこそ、お互いの理解が深まり、そこから未来をつくる新しいアイデアは生まれてくる。

実は上長も会社も、そうした〝化学反応〟を起こしてくれることを、管理職であるあなたに期待しているのです。

鉄則

32

仕事のロールモデル探しは、自分の上長だけに限らない。これが行き詰まり打開のコツ

——競合他社の社員が最高のお手本となることもある——

「こうしなければならない」という思い込みにとらわれたリーダーは、得てして自分の会社にいる中間管理職など、狭い範囲のお手本しか参考にしていません。

ところが、そんな狭い視点を切り替え、広く世の中を見ると、さまざまなタイプのリーダーがいることに気づきます。そして実際、**自分自身の思い込みを変えるには、自分と違ったところにフォーカスを当てて働いている人を「見本」にするのも有効**なのです。

スーパーバイザーをやっていた頃、女性の店長Nさんがいました。

彼女は30代くらいでケンタッキーフライドチキンの店長になったのですが、部下には40代くらいの男性もいれば、それほど年齢の変わらない男性アルバイトもいます。

そんななかで、うまくお店をまとめることができないから、どうしていいか教えてほしいと相談を受けたのです。

もっとも、どんなノウハウを伝えたところで、彼女が使いこなせなければ意味はありません。Nさんが若い女性だという状況は変えようがないのだから、結局は「自分に合ったお手本を、社内だけでなく、社外でも探してみたら」とアドバイスしました。

最初は各地のリーダー会議のようなものに出て、自分と同じくらいの年齢で、うまくお店を回しているリーダーを探します。さらにメディアで話題の店に行ったり、近所のコンビニを観察したり……。女性リーダーが書いたビジネス書を読み、講演やセミナーにも足しげく通うなど、さまざまなことを試みてもらいました。

とにかく過去の偉人でも、映画の主人公でもいいから、たくさんの手本を探し、「こういう人になりたいなあ」という例を抽出してもらったのです。

その結果、彼女の見本となるロールモデルは、とても身近にいました。店舗の隣にある同業の競合チェーン「M」の店長さんです。いつも笑顔で率先してお客さんをお迎えする一方、アルバイトを的確に指導するなど、キビキビと動いている様子を見ていたNさんは、思い切ってライバル店へとあいさつに行ってみました。

実際話してみるとウマが合ったらしく、以来、本当に仲良くなり、いろいろと情報交換し合って切磋琢磨していったとのこと。それまで自分の上にいた店長ばかりを見ていた彼女は、同じやり方しか知り得ません。ですが、年輩の男性がやっていたようなリーダーシップを、若い女性の自分が実行しようとしても、無論、肌に合うわけないのです。

悩みを解決するために、**「できない、自分が変わらなきゃ」でなく、「どういうやり方な**

ら、いまの自分にできるだろうか」とフォーカスを変え、「それができている人はどこにいるのだろう?」と動いてみる。これがロールモデル探しにおいて、遠回りのようで実は手っ取り早い方法でしょう。

人は意識を向けたもの、フォーカスしたものがあると、自然とそれに魅かれていきます。それが具体的であればあるほど、意識を向けたものの情報が集まってくるのです。

たとえば、街中にある旅行代理店も、旅行に行くことに意識が向いてなければ通り過ぎてしまうでしょう。ところが、ハワイに旅行に行くことを決めていれば、店の前を通ったときに、思わずいい情報がないか探してしまいます。

つまり、**普段は見逃してしまうような情報も、意識して、フォーカスしていることがあれば、決して見逃さない**のです。

世の中に情報は本当にあふれています。手本・ロールモデルを決めて、そうなりたいと思うだけで、情報が集まってきます。要は、**行き詰まったらマインドを意図的に外に向けてみればいい**ということ。この女性店長も、本気でフォーカスを変えたいと思ったからこそ、すぐそばにいたロールモデルを探すことができたのです。

鉄則 33

リーダーという立場は、軌道に乗っているときこそブレーキの踏み方を考える

——青々としている木こそ根っこの水分不足に注意——

フォーカスを変えるという行為は、問題が目の前に起こったときだけでなく、普段の「売り上げ」や「成績」を考える際にも重要になります。

というのも、チームの成績がいいときに限って、社員があまりの忙しさでメンタルを疲弊させていたり、チーム内にギスギスした空気が渦巻いているケースが多いのです。

けれどもリーダーが「目標達成」や「売り上げアップ」にばかりフォーカスしていると、そういった問題を見落としがちになります。

「なんかみんな最近、元気がないなぁ。まあ、それでも売り上げが立っているからいいか！」などと考えていると、何人もの社員が唐突に辞表を提出してきたりという〝大惨事〟にあうこともあるわけです。

あるいは営業部門ならば、「強引な販売に対するクレームが山ほど出てきた」なんていうことにもなりかねません。

「成績がいいから」と放置していた部下は、実は高齢者にかなり強引に買わせる営業をしていた。でも業績がいいので、上司はそのことにまったく気づかない……。

こうした問題は、皆が「望むイメージ」を定期的に共有し確認していれば、本来は起こらないことでしょう。

しかし仕事がうまくいき、自分の上長にも「よくやった」と褒められ、「もっとがんばろう！」「まだまだ成果を出せるぞ！」と部下を鼓舞しているうちに、もともとのイメージとかい離してしまう管理職の方も多いのです。

リーダーという立場は、軌道に乗っているときは、自分が何をしなくても仕事が回っていきます。直接お客さんと接する機会が少なくなり、現場での苦労から遠ざかっていけば、ますますかい離は激しくなるでしょう。

青々とした葉や甘い実をつける木も、根っ子に水をやっていなければ枯れてしまいます。

部下が成績を上げている状態というのは、まさに葉が生い茂り、実がたわわに成っている状態ですが、だからこそ「水が十分に届いているか」に気を配らなければいけません。

リーダーは、ことあるごとに「みんなが大事にしようとしているイメージがないがしろにされてないか」ということにフォーカスすべきです。

部下たちは、それぞれが望むイメージに近づいていることを手応えとして感じていれば、どんなに忙しくても自発的に努力を続けていきます。

しかし、タガが外れて問題が起きた場合、満足しているのは管理職の自分だけ。気づいたら皆のモチベーションはガタ落ち、という危険と常に隣り合わせであることを忘れてはなりません。

大切なことは、とにかく一人ひとりを理解しようとすること。

たとえば、面談した際に、「仕事で成果を出し続け、自分の家族にずっと笑顔でいてもらいたい」と、自分の望みを打ち明けた部下がいたとします。

その部下が、いま売り上げをガンガン伸ばしているけど、どうも忙しすぎて、残業続きに見える。はたして家族とコミュニケーションなどできているのだろうか……。

こうなると、理想に立ち返れば「売り上げが伸びているからいい」では済みません。放っておいたら部下は大切なものを見失い、バーンアウトしてしまう可能性もあります。

「最近、忙しそうだけど、ちゃんと家族との時間は取れているの？」

そんなふうに問うだけでも、部下に大切なことを思い出させるきっかけになるはずです。

ただ部下を動かすだけが、リーダーの仕事ではありません。**チームが正しいゴールへ向かっているかを常に確認し、場合によってはブレーキをかけてでも、軌道を正しい道に修正することも、上司の大事な役目**なのです。

鉄則

34

上司に振り回される自分を救う現状の環境のとらえ直しと、理想的な「チーム像」への回帰

――ネガティブな感情の真の原因をしっかりと探る――

本書では、日頃から「感謝する」「褒める」「叱る」「フィードバックする」などを繰り返すことにより、部下との信頼関係を築くことが、チーム力アップのカギになると述べてきました。そうした**チーム力は、実は自分を守る〝盾〟にもなり得る**のです。

私のもとに相談にやってきた食品会社勤務のAさん。彼女の悩みは、自身の上長であるD専務がいわゆる「マウント上司」「パワハラ上司」であることでした。

D専務は、とにかく人のアラを見つけてはギャーギャー大声で怒鳴るというタイプ。Aさんの部下は「怖いし、うるさいからなんとかしてほしい」と文句を言ってきますが、Aさんにはどうしようもありません。当然、スタッフの定着率は悪くなる一方、人が辞めるたびに自分が責められます。そうした状況をつくった原因であるパワハラ上司のD専務に対し、彼女は常に「怒り」を感じる日々を送っていました。

ここで重要なのは、もちろん怒るのは当然ですが、そうした**ネガティブな感情に支配されることにより、「自分が大事にしたいこと」＝「理想像」あるいは「初心」を見失うこと。そして〝全フォーカス〟が上司に向かってしまうこと**です。

Aさんは、いつもD専務の言動に腹を立て、それに対する怒りで時間を奪われている。

この裏に潜んでいる大切なこと、それは「安心して、充実した状態で自分の時間をすごしたい」ということでした。そこでAさんは、上司ではなくの部下のほうに目を向け、「部下と仕事をしているときに、どうなれば充実した状態なのか？」をイメージします。すると、「自分が部下に対して影響力を発揮しているとき」が浮かんできました。

つまり、会社でのフラストレーションの真の源はD専務の存在というより、頭ごなしに彼からの指示命令がふいに飛んでくるので、自分はリーダーとして何もできず、部下たちの不満のはけ口になってしまっているという現状にあったのです。

そこから、次のふたつが彼女の目標となります。

①D専務に対しては、やかましいトップダウンがなくなること
②部下に対しては、自分を中心になって回るチームができること

①に関しては、いますぐ彼女自身がどうこうできる問題ではありません。だから「とりあえず放置しておくこと」にしました。一方、②の状況に関しては、彼女はリーダーですからやろうと思えば可能なはず。そこで、まず②に集中することにしたのです。

具体的には、

・「チームとしてのあり方」を、彼女がリーダーとして明確にする

・それを実現するために必要な行動を話し合い、メンバーの考えを統一する

・コミュニケーションを密にし、それぞれの抱える問題を彼女が個別に聞いていく

という、言ってしまえば、会社のリーダーが普通にやっているようなことを、「断固として彼女の権限でやる」ということ。そして実際に部下との対話を増やし、部下を理解する姿勢を貫いて、チームの状況を改善していったのです。

その一方で、もちろん上司のパワハラ言動はなくなるわけではありません。そこでチームとしての対処法を、次のように決めました。

①D専務の言動をみんなで共有し、仕事上に必要なことは協力して解決していく

②D専務に対し腹が立ったら、とりあえずリーダーであるAさんに打ち明ける

③それに対し何もできないかもしれないけど、Aさんはきちんと話を聞く

そのようにして、チーム全員で乗り越えようとしたわけです。

結果どうなったか。チームのコミュニケーションが密になることで、みんなが意見を言い合い、仕事の生産性は当然のことながら、ずいぶんと高まりました。**部下も心のうちでは、「怒りに時間を取られてばかりでは効率が悪い」と思っていた**のです。

組織において最悪なのは、メンバーがネガティブな気持ちで仕事をしていること。ネガティブな毎日が当たり前のような状態に陥ると、仕事をすればするほど不満がたまり、生産性も落ちていきます。人間関係もギスギスし、最終的には辞める人が後を絶たなくなることでしょう。

しかし**「ネガティブか、ポジティブか」というのは、結局のところ、現状のとらえ方の問題**です。もちろん、「いつもポジティブでいる」というのは、なかなかできることではありません。だからこそ、**「いまの環境のとらえ方を見直していく」ことが、落ち込んだチームの立て直しにおいて、非常に重要なこと**となるのです。

問題の根源がどこにあるのか。それをしっかりと把握したうえで、まずはチームの土台づくりに改めて乗り出す。これこそが、実はチームリーダーに求められる「リーダシップ」のあるべき姿なのです。

鉄則
35

問題の抜本的な解決のため、面倒な〝飲みニケーション〟を効果的な交渉の場に変える

――クレーム70％減を達成したパワハラ上司攻略法――

Aさんのその後も紹介しておきましょう。彼女自身、上長との関係性以外の部分で仕事にやりがいを感じられるようになったので、余裕や希望も生まれてきました。そこで残された最後の難題＝上長との関係性の改善に取りかかることを決めたのです。

もっとも、とにかくことあるごとに〝マウント〟してくるD専務に対し、Aさんは恐怖すら感じることもありましたから、なかなか第一歩が踏み出せません。

すると、ある日、D専務のほうから「飲みに行こう」と誘われます。

「彼のことを知るチャンスだけど、怖いからさっさと帰りたいなぁ」

と揺れる気持ちを抱えながら、Aさんは上長の誘いにとりあえず乗ることにしました。

どうにも心が落ち着かない飲みの場でしたが、話を聞いているうちに、D専務は「いまの現場はリーダーシップを取れるヤツがいないんだ！」と言い出します。

「Dさんが考えるリーダーシップってどんなものですか？」

とAさんが思い切って聞いたところ、上司はしばらく考えたのち、こう答えました。

「デーンとしてかまえて、みんなを引っ張っていくことだよ！」

「どいつもこいつも、オレの顔色ばかりうかがっているからダメなんだ！」

そこでAさんは**チーム内の信頼関係を構築するためにやったのと同じように、「どんな思いを持っているべきなのか？」「どんな能力が必要なのか？」「どんな行動が望まれるのか？」などを、D専務に聞いてみた**のです。

こうして、話をしているうちにAさんが気づいたことがあります。それは、「この人は、意外とみんなのことをしっかり見ているんだな」ということ。さらに、「うちの商品を食べて『おいしい！』『幸せ！』と思ってくれる人を増やしたい」「入社希望者が後を絶たないような、社会に認められるような会社にしたい」という自分と同じ思いを抱いていることもわかったのです。

Aさんは、それまで**D専務に見ていた「悪い人、ただ怒る人」という「イメージ」に、自分自身が振り回されていただけ**なのではと感じました。怒鳴り散らしていたのは、自分の理想の仕事ぶりが部下から感じられなかった。そして、D専務自身が言葉にして伝えられない〝もどかしさ〟を感じていたからだと理解できたのです。

これ以降、このパワハラD専務はAさんに何かと話しかけてきたり、仕事の相談をするようになっていきました。しかも、毎日のように、現場で怒鳴り散らしていた姿は極端に減り、現場の問題点などを見つけた際には、文書にまとめて全従業員にメールで伝えるようになったのです。

実は、彼も気づいたようでした。それまでは、目の前のことにカッとなって怒鳴り散らして、それで終了といった感じです。これだと、怒鳴っているほうは怒りに任せて我を失ってしまいますし、怒鳴られているほうはといえば、ただ耳をふさぎ、その嵐が過ぎるのを待つばかりで、具体的な改善にはまったく結びつきません。

ところが、飲み会でいろいろと話して以来、D専務は問題が発見されると、問題の指摘とそれが広がるとどうなる危険があるのか、そしてみんなに期待していることは何なのか、**冷静な文体で全員に伝えるようにしたのです。その結果、問題発生とその対策を、全従業員が共有できるようになりました。**

こうなると、職場全体の空気も変わります。それまでは、パワハラ上司のD専務に指摘されるのがイヤなリーダーたちは、お互い協力し合うどころか、自分たちのチームにいかに〝とばっちり〟が来ないかだけに注力していました。

問題やクレームが発生しても、「それはうちのチームの責任ではない」「うちのほうは、やることはちゃんとやっている」と自分たちを守ることだけしか考えない。つまり**「無関心」が、職場の隅々まで覆っていた**のです。

ところが、〝パワハラD専務〟が〝クールなDさん〟に変身すると、各リーダーの心理的な負担も減り、「みんなでがんばらないといけない！」という雰囲気が、現場全体に生まれてきました。その結果、**クレームの件数がなんと70％も減った**のです。

Aさんは、いまでは〝元パワハラ上司〟の片腕、相談役として、そしてチームリーダーとして充実した毎日を送っています。

怒鳴る上司、イライラをぶつけてくる上司には、なかなか対処できません。一方で、上司の本音を知らずして、その〝行為〟にフォーカスしているだけでは、自分自身がすり減るばかりです。だからこそ機をとらえて、上司の本心をすくい上げる。

そのためにも、**ときには面倒な〝飲みニケーション〟も有効**なのは間違いありません。そうした場を使い**上司との人間関係を改めて築くこともまた、チーム、そして会社にとって大きな転機となり得る**わけです。

第6章

判断力、決断力、実行力がさらにアップする、自分自身の磨き方

鉄則

36

リーダーの責務と裁量に押しつぶされないために、逃げ道をつくっておく

——「追い詰められる」前提で事前に手を打っておく——

管理職とプレイヤーの大きな違い、それはチーム全体の責任を負うことです。だから、うまくいっているときの喜びは大きい反面、うまくいかない状況が続くと「やっぱり自分には向いてないな」などと、ネガティブになってしまうこともあるでしょう。

では、管理職であるあなたが精神的に追い詰められたとき、どう対処すればよいのでしょうか。

あまり見たくないデータかもしれませんが、厚生労働省の調査によると日本では毎年2万人以上の方が自殺しています。最も多いのが40代。ちょうど管理職が増える世代で、事実、**管理職で悩みを持つ人と自殺率には相関がある**ともいわれています。

プレイヤーから管理職に役割が変わると、責任や裁量が増えることもあり、自分でいろいろなことを切り開いていかなければいけない、なんとか事態を打開しなければならないと、以前にも増して強く思う人がいます。

かくいう私も、そのタイプの人間でした。

自ら考える正論を通すことにエネルギーを費やしたがために、周囲に壁をつくってしまい、やがて心身の不調を感じるようになってしまった時期があります。日常の仕事は無難にこなしていたので、周囲にはほとんど気づかれませんでしたが、私の内面は決壊寸前でした。プライドが許さなかったのだと思いますが、社内の誰にも自分の状態を悟られたくなく、自分を偽っていたのです。

ただし、妻には相談しました。それまで家庭では、会社での自分の精神状態を話すことは一切ありませんでしたが、このときは自分自身が追い込まれていて本当に危ない状態だったので、ある日、妻にそのことを打ち明けたのです。すると妻から次のような一言が。

「なんでそこまで一所懸命になるの？」

これで、心がスーッと軽くなりました。それ以降、適当に力を抜くポイントや未来のための時間を確保することにして、少しずつですが調子を取り戻すことができたのです。

よく**「困ったら相談しろ」**といわれますが、**困ったときはすでに正常な判断ができなくなっている**場合が多々あります。とはいえ、かつての私のように本当の意味での相談相手がいない方も少なくはないでしょう。

ですから、**対策としては〝追い詰められる前提〟で手を打っておくこと**です。自分の弱みをさらけ出したり、自己開示できる場所や相談者を日頃からつくっておく。具体的には、利害関係が発生せず腹を割って話しやすい同窓会などに出席するのもひとつの手です。

また、社外に信頼できる人間関係をつくっておくことも効果的。自己啓発セミナーや趣味のサークルなどは、同じ価値観を持った人が集まりやすいので自己開示しやすい環境といえるでしょう。

そしてもちろん、何よりも自分の大切な人、家族を日頃から大事にしておくこと。大切な人や家族には、普段から感謝の気持ちをもって接しておきたいところです。

実際に追い込まれてしまったときは、専門家に相談すべきでしょう。いまはネットで調べれば、さまざまな得意分野を持つカウンセラーやコーチが見つかります。「危ない」と思ったら、彼らの手を借りたり、メンタルヘルスの相談に病院に行くこと。「自分は大丈夫」と過信するタイプの人は特に注意が必要です。

アメリカでは、ビジネスマンが個人コーチをつけていることなど珍しくありません。働き方改革が叫ばれている日本でも、生産性の向上は必須です。**自分に寄り添ってくれる人を、会社員がコーチとしてつけるのが当たり前になる時代も、そう遠くない**でしょう。**心身両面の健康管理、健康増進も、リーダーの大事な任務のひとつ**なのですから。

鉄則

37

キャリアがあるからこそ好き嫌い抜きで力を借りたい年上の部下への上手な接し方

――「あの人なら何ができるか」から発想をスタートする――

いまや常識とも言えますが、同期がある程度の地位まで横並びで出世し、その次の世代が下で順番を待つという「年功序列」の人事システムは、〝いまは昔〟のものとなってしまいました。

当然のことながら、**これからの時代、自分より年上で知識も経験もある部下を持つこともあれば、逆に年は若いのに一足飛びに出世した後輩の下につくこともある**でしょう。

それでもリーダーの役割は、あくまでチームの生産性を上げ、成果を出すことに変わりはありません。ですからマイナス面に注視せず、自分のネガティブな感情は度外視して、どうやったら、年下の上長だろうが、年上の部下だろうが、自分そしてチームを利する存在にできるか、いかに融合させられるかを考えていかなければなりません。

極端な話、**共通のイメージに向かっていく協力関係さえできれば、相手と気が合わなくたって、嫌いだって、まったくかまわない**わけです。

私がケンタッキーで店長をしていたときのこと。自分よりずっと年輩でキャリアもある部下を持ったことがありました。

当時私は店長になってまだ3年目、30代前半の頃です。Kさんという、すでに店長として私より長いキャリアを持っていた40代の男性が、ちょっとしたトラブルを起こして降格になり、私の下に配属されました。

当然ながら、店長のマネジメント能力としては、若い私よりもずっと優れた能力と多くの経験を持っています。当初私は、「店長は自分なんだから、毅然としなきゃいけないな」と思い、少し背伸びをして、店長らしく彼にどんどん指示を出していきました。

けれども、さすがに相手はベテラン。関西の店舗でしたから、「なんで小僧に言われなアカンねん」という感じで、ほとんど言うことを聞いてくれません。

困った私は意を決して、彼とじっくり話し合うことにしました。

「不満があるのはわかりますが、いまは私が上司の役割を担っています。その点については、私にもどうしようもないことなので、納得できないなら会社のほうに言ってください。ただ、お店を任されている私としては、Kさんの力を生かせるならば、ものすごくプラスになると考えています。

私は、これからもKさんにさまざまなお願いをしたいと思っていますが、**いい方法があるなら遠慮なく言っていただき、いいところをどんどん出していっていただければ、本当**

にありがたいと思います」

あくまで相談をするような形で、部下とか上司ということをあまり考えず、「お互いの役割で協力し合いましょう」ということを提案したわけです。

するとKさんは、以後それまでのように反抗的な態度でなく、私の補佐として体を張って仕事をやってくれるようになりました。

実はその後、このお店は非常に売り上げが伸び、地域で上位に入るくらいまで成長します。その一方で、人事管理について看過できない問題を抱えていました。当時、私の下にいたもうひとりの若い部下がアルバイトをまとめていましたが、私も彼もまだ若かったので、素行のよくなかったアルバイトの扱いに手を焼いていたのです。

そこでベテランのKさんの出番をお願いします。Kさんに（多少）厳しくにらみをきかせてもらったところ、アルバイトをきちんと管理できるようになりました。無論、私のほうは大助かりです。店舗管理は部下に任せて、マーケティングなどの営業活動に力を注げるようになりました。

自分よりキャリアのある人を部下に持つ上司は、これからますます増えるでしょう。その際は、「自分が上だ」などと意気込まず、むしろ「チームに力を貸してほしい」と、〝助っ人〟を頼むような気持ちで、接したほうがいいと思います。

「チームをまとめるために、ぜひ毎週月曜日に朝ミーティングをやりたいんです。◯◯さんが率先してお声掛けしていただければ、みんなも乗ってくると思うのですが、お願いできませんか？」

こんなふうに、相談を持ちかけるやり方にすれば、相手だってイヤな思いはしません。面倒に思われるかもしれませんが、とにかく、あらゆる力をチームの発展のために使うのがリーダーの使命です。

はなから「聞いてくれるわけがない」と思い込まず、「あの人なら、何ができるだろうか」「そのためには、どういう対応をすればいいだろうか」という発想からスタートする。それによってマンパワーの再活用ができるわけですから、チームはもとより会社にとっても、大きなプラスとなるわけです。

鉄則

38

新入社員、退職希望者を、組織の問題点をあぶり出す一番の強い味方に変える

――「慰留」と「新人教育」が教えてくれる思わぬ見落とし――

組織に変化はつきもの。

みんなの理想を大切にしよう、いいチームをつくっていこう……。

そう考えていくら努力しても、リーダーをやっていれば「部下が辞める」という場面に遭遇することは、当然あるでしょう。

このときリーダーがやるべきことは、退職希望者の心の奥にある感情をしっかりと理解すること。辞めていく社員は、「新しい道ができた」とか「親の介護のため」などという理由をつけますが、これは表向きであることがほとんどです。

本当の退職理由は、まず間違いなく「この組織にいたくない」ということ。いまいる組織の居心地がよければ、人はどんな手段を使ってでも残るはずです。

となると、逆に考えれば**辞めていく人がいるときこそ、組織のマイナス面を見つける大きなチャンス**と言えます。だからこそ、これをいい機会として、しっかりと退職者の本音を聞きだして、組織の改善に生かすのが、上司の役目となるのです。

5000人以上のスタッフを育成し、数多くの退職相談を受けてきた私の経験から言えること。それは**人間関係の悪化から発生する将来への不安が、会社を辞める本音の理由の**

ほとんどだったということです。

こういった退職者の本当の気持ちを理解しないと、退職希望者が次々と現れる事態になりかねません。逆に理解できると、そうした思いをしないような環境整備や人財育成を行うことで、離職者を減らせるのです。

人財が流動的になっている現在、ただでさえ多くの会社が入社3年目以内の離職率の高さに悩まされています。そんな状況でたとえ慰留するにしても、人情に頼るようなやり方は当然通用しません。

そうでなく、

「君みたいに辞めなくても済む会社にしたいんだ。会社の未来を担う後輩たちのために、本音の部分を聞かせてくれないか」

「本当のきっかけはどんなことだったの？」

「そのときはどんな感情を抱き、それがどうなっていったの？」

と、**退職を決意するきっかけと感情の推移を丁寧に聞いていく**のです。

問題によっては、リーダーの努力で改善できる余地も十分あるでしょう。逆にそうしたことをしない限り、リーダーはいつまでもたっても、「離職希望者の慰留」というツライ役割を背負い続けることになってしまいます。

ただ、冒頭にも書いたように組織に変化はつきものです。人の出入りは退職だけでなく、新入社員の配属、あるいは人事異動など、さまざまな場面で、新陳代謝が行われます。

実はそうした人の入れ替えも、組織の問題点や改善点をあぶり出すチャンスなのです。

たとえば、新人が入ってきた際に、その教育を部下に任せる場合。

部下に新人教育を任せることには、大きくふたつの意義があります。

ひとつは新入社員に仕事のやり方を教えることによって、その担当者自身が普段、自分がどのような立ち位置で仕事をしているのか、改めて見直す機会となること。

もうひとつは、この「新人を教育する」という業務自体が、一体会社にとってどんな意味があるのかを学びとることができるということ。このふたつです。

ところが、新人教育をおざなりにやる。あるいは「アイツはできない」とさじを投げる。

これでは部下は、せっかく新人に教えるというチャンスを得たにもかかわらず、自ら成長の機会を打ち捨てているも同然です。だからこそ逆にこの機を使い、きちんと新人教育の意義を伝えれば、部下の成長、チーム力の発展につなげられるわけです。

あるいは人事異動で新たに所属した社員に、これまでとの違いをそれとなく聞いてみる。「いやぁ前の部署に比べると、こちらはずいぶん落ち着いてますねぇ」などという答えが返ってきたら、新しい部署はちょっと活気がないということを、それとなく示唆しているのかもしれません。これも、外からの目がないと、なかなか気づかない視点です。

このように、新しい血が入ることにより、そうしたこれまで見えなかった組織や部下のマイナス面も浮き彫りになることでしょう。

行く人も来る人も、やり方次第でいくらでも、組織改善のための貴重なリソースとなります。両者に対してきちんとした心配りができれば、リーダーとして学べることもまた多いこと、言うまでもありません。

鉄則

39

「部下が結果を出せていない」なら、まずは「やってみせる」。これが上司の仕事の大事な一部

――言葉での奮起の限界を突破する仕事の共通原則――

何度も言うように、上司の仕事はまずは部下に成果を出させ、チームとしての業績を上げていくことです。仕事によってはノルマがありますし、新規開拓や売り上げなど、ハッキリした目標を達成しなければならないリーダーも多くいることでしょう。

では、そうした目標に対して、成果を出していない部下にどう対応すればいいのでしょうか。感謝していい環境をつくり、褒めてモチベーションを上げる。でも、それだけでは結果が出ない場合も、ときにはあるはずです。

結論を言えば、そうした場合、**上司にできることは「部下と一緒になって問題を解決すること」しかありません。**

たとえば、部下が「営業で数字をつくれない」理由はさまざまあるでしょう。

- **コミュニケーションスキルなど、方法に問題がある**
- **立地など、不利な条件が重なっている**
- **モチベーションが低下して、効率が悪くなっている**
- **会社が決めたやり方を、そもそもやっていない**

ですから、頭ごなしに「成績を上げろ」と言ったところで、これらの問題が解決されないと、結局、状況は変わりません。

大切なのは言葉だけで部下を奮起させようとするのでなく、問題がどこにあるのかを上司がともに探り出すこと。そのためには部下の仕事を、よく観察する必要があります。

営業の仕事であれば、ときには部下に同行して様子を観察したり、工場であれば実際にものをつくらせたり……。そうした当たり前のことを怠っていて「うちの部下はダメなヤツらだ」と言っているだけでは、いつまでたっても部下の能力は引き出せられません。

ケンタッキーのスーパーバイザーだった頃、私がしていたのは、問題店に行って仕事ぶりを観察することでした。そうした**お店が抱える問題の原因の多くは、「決められたやり方をしていないこと」**にあります。

よくあるのは「お店が汚い」。決まっているルールを守っていないから、テーブルも汚れているし、トイレなども汚かったりします。それだけでお客さんは、「このお店にはもう来たくないな」と思ってしまうわけです。

これを改善するのには、別にコーチングもコミュニケーションスキルも必要ありません。

ただ、率先してトイレ掃除なりなんなりをやるだけ。まずは、問題とその解決方法のお手本を自ら見せるのです。

もちろん、ちゃんとマスターしているかわからないので、あとでまた確認します。その際にできていなければ、もう1回、手本を見せ、また実践してもらうだけです。何度も体で実感すれば、さすがに相手も真剣に改善策を図るでしょう。

これは、あらゆる仕事にも共通すること。

営業の仕方に問題があれば、まずそこで自分がお客さんと応対して、見本を示せばいい。報告書の書き方、企画の立て方、データの集め方、すべてそうです。

もし、あなたが見本になるようなスキルを持っていなければ、先輩に聞いたり書籍にあたるなどして、見本となるものを探してくるしかありません。

面倒ですが、**部下の問題を一緒に考えることも、上司の仕事の大切な一部。**その意味では、**「部下が結果を出せていない」状況とは、「リーダーも結果を出せていないのだ」ということを、人の上に立つ人間は、もっと自覚しなければならない**のです。

鉄則

40

外国人労働者の受け入れ待ったなしだからこそ、自分の心の壁を取っ払う

——どんな職場でも役立つのは「語学力」より「人間力」——

少子高齢化が進み、労働力の確保がますます困難になっていく日本では、**外国人労働者の受け入れを拡大したり、シニア層を活用することは企業として生き残っていくための重要な手段**となります。政府も、今後5年間で34万人もの外国人労働者の受け入れを決定しました。

もはや多様性への対応は本当に待ったなしです。このような世の中の流れに対し、「外国人は言葉の壁があるから……」とネガティブな先入観を持っていては、時代に乗り遅れてしまうでしょう。**外国人のできないところにのみフォーカスしても意味がない**からです。

人は物事のすべてを見て認識しているのではありません。ある一面しか見ていないにもかかわらず、全体を把握していると思っています。そして、それが真実だと思い込んでいるのです。

日本人、外国人にかかわらず、人間にはいい側面もあれば悪い側面もあります。どちらに焦点を当てるかは、その人の意図次第です。しかも、人は見方を自由に変えられます。

試しに今日1日、日本人であろうと外国人であろうと、目の前に現れる人のいいところだけを見るようにしてみてください。やってみると、自分の視野の意外な狭さや、あるいは時間の経過とともに起こる視点の変化を感じられるでしょう。

特に外国から来られた方は、自国を飛び出して日本という異国の地でがんばろうと、それなりの覚悟を持ってきています。日本から学びたいという意識も当然強い。そういった側面にフォーカスすれば、日本人よりも強力な人財を育成することも可能なのです。

採用した外国人を、優秀な人財に育てるポイントは、やはり「フィードバック」です。本書のなかでも何度も出てくる言葉ですが、これはもともと電気回路の出力側から出たものを、入力側に戻して全体の調整をすることです。

コミュニケーションにおいては、相手から発せられた話、言葉を聞いた際に、自分にはこう聞こえましたと返してあげる。これによって、相手は自分の話がどう聞こえたか、確認でき自己理解が深まります。

日常の行動を観察し、フィードバックを多用する対話を重ねていけば、外国人の部下も受け入れられている気持ちになり、日本で働く自分のことへの理解も深まります。自己理解が深まれば、自己肯定感が上がり、さらにチャレンジしたい、もっと成長したいという欲求を呼び起こすのです。

しかも外国から来ている人は、日本人に比べると働く選択肢も少ないなかで、いまの職場に就いているわけです。私がケンタッキーの店長だった頃も、役割と目指すところ、守るべきルールさえ理解させれば、それこそ命がけになるくらいの気持ちで取り組んでくれる外国人もたくさんいました。

大阪の店舗で店長をしているときに働いていた韓国人の方などは、気持ちの乗っていない日本人の新入社員に対し、「本気でやる気があるのか」と怒ったこともあります。命がけのつもりでやっているからこそ、社員のネガティブな態度に怒りを覚えたわけです。

このように、向上心の強い外国の方も多く、それが刺激されると日本人以上の忠誠心を発揮してくれることもあります。その韓国人アルバイトの方も、同じ日本語を学ぶ学生たちに声をかけ、人員採用までやってくれるようになりました。

飲食、サービス業のみならず、ＩＴから金融に至るまで、外国人労働者とのつき合いは増えることはあれ、減ることはありません。つまり、**同僚、あるいは上長も外国人になる可能性も十分にある**ということ。

日本語の壁だけで人を判断するのではなく、「人間性」をしっかりと見る。そんな余裕が、いまこそ求められているのではないでしょうか。

鉄則

41

杓子定規に当てはめていたら「適材適所」の本当の意味など、絶対にわかりようがない

――「ジョブのミスマッチ」は社員、会社双方の悲劇――

現在、飲食などいわゆる第3次産業を中心に、人手不足が叫ばれています。その結果、前項でも説明したように外国人労働者受け入れが着実に進んでいますが、それとともに、もっとシニア層を取り込むべきではないのでしょうか。

私がケンタッキーの店長時代、お店に60歳を超えたパートの女性Cさんがいました。Cさんはサラダをつくる手伝いのため毎日お店に来て、2時間ほどで帰っていきます。彼女はものすごく真面目で性格も明るく、若い女性のアルバイトの面倒見もよかったので、わずか2時間しか店にいないにもかかわらず、スタッフから非常に人気があったのです。

その頃、私の店では人手不足に悩んでいました。特に、アルバイトを束ねるリーダーが欲しかったのです。そのとき、はたと思いつきました。Cさんならできるのではないかと。

そこで、

「Cさん、アルバイトの責任者にチャレンジしてみませんか？」

と聞いたところ、

「とんでもありません。私なんて何もできませんよ。年も年なのに」と、にべもなく断られてしまいました。でも、私はあきらめません。

「毎日Cさんの働きぶりと、若い人たちの面倒を見てくれていることには感心しているんです。このお店の、どんなところが気に入っているんですか？」

するると
「孫みたいな子が、一所懸命がんばっている姿を見られる環境がものすごくうれしい」

との答えが。そこでさらに尋ねてみます。

「それなら、もっと間近でがんばっている姿をたくさん見てあげられるようになったらどんな感じがしますか？」

「外国人のアルバイトさんたちも言葉の不自由さを気にせず、仕事を楽しもうとがんばっていますよね」

「私も全面的にサポートしますので、チャレンジをしてみませんか？」

しばらく考え込んだ後、
Cさん「私でもできますかね？」

私「できますとも！」


そうは言ったものの、60代で初めて経験する接客業です。

チキンの調理は何とかできるようになりましたが、難しい名前のメニューをすべて覚え、レジの打ち方も覚えなければいけません。お客さんへの対応に、クレーム処理など、身につけなければならないことは山ほどありました。

けれどもCさんのメリットは、従業員のみんなから応援されていること。応援されているCさんも、とてもうれしそうでした。

もちろん、若い人のようになんでもスムーズにとはいかなかったところもあったものの、だんだんと仕事を覚え、それなりに仕事ができるようになっていきます。

すると、**自信がついてきたのか、彼女のリーダーシップに火がつきだした**のです。

何せ周りは10代、20代の若者ばかり。若い女性たちは困ったことや心配事があると、必ずCさんに相談をします。

するとCさんは、**失敗して落ち込んだ子を慰めてあげたり、お客さんとのトラブルの間に入ってあげたり。頼られることで、彼女はリーダーの仕事が楽しくて仕方がなくなってしまった**のです。

さらに朝の時間帯を任せるようになると、Cさんに会うためにシニアの常連のお客さんもたくさん来店されるようになりました。これも店としては非常にありがたかったうえ、本当に助かったのは、こちらが何も言わなくても、持ち前のコミュニケーション力で外国人のアルバイトたちまで束ねてくれるようになったことです。

冒頭にも書いたように、確かにいまの日本の人手不足は深刻でしょう。しかし、本当にやる気がある人が、やりたい仕事につけているのでしょうか。いわゆるジョブのミスマッチというものは、雇用者、被雇用者双方の悲劇です。

ただCさんのように、杓子定規で就業規定を当てはめたら雇うことはない、いや、できないような人でも、実は素晴らしい力を持っているというケースは、他にもたくさんあるのではないでしょうか。

年齢や国籍といった目に見える特徴ではなく、その人が持つ真の特性を見抜き、周りのサポートでモチベーションを高める。そうすることにより、もっともっと多くの人が、日本の職場で楽しく働けるようになるはずではないでしょうか。

鉄則
42

できるリーダーこそ、ときには思い切って「荷を下ろす」ことが大事

――仕事抱え込み＝能力不足に陥らない正しい思考法――

何でも自分で仕事抱え込んでしまう管理職は、得てして「能力不足」というらく印を押されてしまいます。しかしながら、本当にそうなのでしょうか。

ＩＴ企業の管理職で私のもとに相談に来たＴさんという方がいます。ご多分にもれず、Ｔさんも多くの仕事を抱えて行き詰まってしまいました。その原因が、実は「仕事ができすぎる」ことだったのです。

Ｔさんのチームは、業務量も多く残業が毎月多く発生しています。「そんな状況にイヤ気がさしたのか離職者も出てきて……」と、大変厳しそうな環境に置かれていました。

そこで、Ｔさんは打開策として、自分が能力を高めて対処すれば解決できると考えたのです。一所懸命自己啓発に投資をし、本を読み、セミナーにも熱心に通いました。とりあえず問題さえ解決できれば、みんなが幸せになれると思っていたのです。

ところが、問題は減るどころか増える一方。「有能な人が引っ張ることがリーダーシップ」と思って取り組んできましたが部下はついてこられず、**勉強すればするほど上司や部下と自分との差が可視化され、その差こそが問題に見えてきた**のです。

その結果、さらなるストレスがたまってしまいます。まさに悪循環でした。

そんなTさんは、あるときついに「部下を何とかしようとするのではなく、部下を理解し大事にする」という境地に至ったのです。

実際、彼が以前抱いていた「この仕事はこうやるべきだ」という基準も、それが正解かどうかは、本当のところはわかりません。部下は部下で、それぞれの規準で成果を出そうとしている。それを「自分の望むように変えていく」のは、単にその人のエゴでしかないのではないか。そう思うようになったのです。

もっと部下の「大切にしたい」を尊重し、自分の考えと違ったとしても、任せてしまえばいいのではないか。Tさんがそう決断するまでに、相当時間がかかったようでした。けれども、ひとたびそうしてしまったところ、たくさんの仕事を手放すことができ、時間の束縛からも自由になることができたのです。

かなりの決断だったと思いますが、しばらくすると自分の身に起きた〝変化〟を感じられるようになりました。

まず、**思考回路が「目の前の問題解決型」から「未来からの逆算思考」に変わった**のです。以前は問題が見つかったら、早く何とかしなきゃと考えて焦りがつのっていましたが、問題が見つかっても冷静に、逆にこれをどう生かすかと考えられるようになります。

さらに、部下の感情や価値観を理解し大事にするようになって、ようやく自分のやっていることに確信が持てるようになり、迷いもなくなりました。

そうなると、対人ストレスが減り、部下のことを好きになれたのです。その結果、部下からは「高い壁」のように思われていましたが、好意的に受け入れてもらえるようにすらなりました。

「最近Tさん、楽しそうに仕事をしていますね」

こう、部下に声を掛けられる機会が増えたそうです。

このように一カ所に固定された焦点を変えれば、「こうでなければ」という〝バイアス〟が生み出している負担を一気に減らすことができます。

「人生は重き荷を背負って一歩一歩」では、いつかは疲弊してしまうのは当たり前。だからこそ、「荷を下ろす」という選択肢を常に頭の中に意識しておくのが、上司の仕事をしていくうえで非常に大事なことなのです。

鉄則 43

責任に押しつぶされそうな毎日でも絶対に忘れない、自分とのコミュニケーション

――リーダーの仕事を楽しむために必要な絶対法則――

最後に強調しておきたいのは、リーダーにとって一番重要なのは、「常に自分自身とコミュニケーションをしていく」ということです。

部下とのコミュニケーションを一所懸命学ぼうとするリーダーに限って、自分とのコミュニケーションをすっかり忘れています。

リーダーになったとき、仕事で一番変わることといえば、自分だけでなく、部下に対しての責任が発生するということです。すると多くのリーダーは、部下に「自分と同じように働いてほしい」と考えます。

しかし部下とあなたは、当然、違う人間なのです。考え方も異なれば、仕事に対する価値観も違っている。あなたの理想に１００％合致する部下など、世の中にいるわけありません。

そこを思い違いしていると、リーダーの仕事は「他人をコントロールしようとすること」に終始してしまうわけです。部下が自分の期待に応えるような働きをしたら喜び、そうでなかったら怒る。そんな毎日のなかで、いつのまにか「あなたが仕事を通して実現したかった理想」は埋もれていってしまいます。

リーダーは、確かに部下に対して責任があります。

しかし、**あなたの仕事は決して「部下を幸せにすること」ではない**のです。

常にあなたは、自分自身の幸せのために、日々の努力をしている状態でなければなりません。そうでないと、リーダーの仕事は他人に振り回されるだけのものになり、自分にとって大事な〝幸福感〟が得られなくなってしまうからです。

望むイメージをチーム内で共有するのは、まさに「チームの仕事」を「自分の希望」と一致させるため。それを忘れないためにも、**「自分との対話」を繰り返さなければならない**のです。

リーダーの仕事で行き詰まり、私のところに研修にやってくる方も、「自分とのコミュニケーション」を忘れてしまっている方が多くいます。

たとえば、ある若い管理職の方は、なまじ勉強をしているから、部下の「仕事の仕方は効率が悪い」とか、「そんなことも知らないのか」といったことばかりが、ついつい気になってしまう。

結果、彼はリーダーとして、ほとんど1日中、知らず知らず部下のあら探しをするだけで終わってしまっているのです。部下たちも自分のやっていることを修正されるばかりで、仕事の楽しさなどまったく感じられません。

確かに効率が悪いことは改善する必要がありますし、自分の知っていることを教えることで部下が成長するなら、それはどんどんやっていくべきでしょう。

しかし、「チームを効率よく回すこと」や「部下の教育をすること」は、最初から相談に来た方が仕事でやりたかったことではありません。

実際、彼にとって仕事をしている動機は、

「もっと穏やかな気持ちで、自分を成長させながら、世の中に貢献したい」

というものだったのです。

ならば**優先すべきは、チームのあら探しをすることでなく、当然、自分が望む「自分を成長させ、世の中に貢献する」仕事のスタイルを確立すること**でしょう。

自分自身の感情と向き合えば、それにふさわしいチームづくりは可能になります。

「自分はこういうふうに仕事をしたいんだ」という形を明らかにし、それを部下にも理解してもらう。部下が大切にしたい理想にもまた理解を示す。

そのうえで、**お互いのために仕事上で効率が悪い面があれば改善し、自分を含むチームみんなの理想を実現するために「会社での利益」が必要ならば、それに向かって一致団結して努力をすればいい**のです。

何事も最初にあるのは自分自身。自分自身が大切にしたいことを理解したならば、それが仕事の目標の前提になる。そうして自分の大切な目標に向かって仕事に取り組めば、自分が納得いく結果が手に入るわけです。

仮にそれがよい結果なら、自信がつく。よくない結果だったら、軌道修正のための反省材料とする。これを繰り返すうちに成功確率が上がり、自分のやりたいことにますます確信が持てる。こうして経験値が増えるにつれ、いよいよ自分が理想とした大きな未来へと近づいていけるのです。

そんな「最高の上司」の姿を見れば、部下も必ず育ちます。部下も自分の大切にしたいことを大切にし、その結果、仕事のなかでやりがいや充実感などを得られることが実感できれば、さらにさらに仕事をがんばりたいという気持ちになるわけです。

そのためにもリーダーは、部下の大切にしたいことを引き出してあげる、理解してあげる。そうなれば、彼らのチームに貢献したいという欲求もさらに高まるとともに、上司である自分に対する信頼、敬意も加速度的に大きくなっていきます。

こうした基本に立ち返れば、リーダーの仕事は楽しいものになりますし、決してストレスで苦しみながらやるものではないということがわかるのではないでしょうか。

世の中には、たくさんの人が、チームスポーツをして楽しんでいますが、それと同じ。あるいはネットなどの通信型ゲームでも、最近は多くの人がチームで協力し合っています。それも同じことでしょう。

さらに、仕事の場合はチームで楽しみながら課題を突破していくことで、収入も入ってくれば、喜んでくれるお客様の数も増え、結果として社会的なステータスも上がっていくのです。考えてみれば、これ以上メリットのあることなどありません。

だからこそ、ぜひ「最高の上司」として仕事を楽しむために、本書を活用していただければと思います。

おわりに

リーダー・管理職の仕事は、自分の技術力で勝負できるプレイヤーと違って、目に見えて自分が何かができたといった感覚が得にくい役割です。

部下が成果を出したらそれは部下の努力のおかげだし、部下が成果を出せなかったら上司のリーダーシップに問題ありととられてしまいます。そういった点で、孤独感を感じる方も少なくはないでしょう。私も店長時代に、そんな感覚を抱いた経験があります。

一方で、自分がこんなチームが理想的だなあと思えるイメージができ、そこにチャレンジすれば、ひとりだけで出す結果の何十倍もの大きな成果が出せる喜びがあります。自分だけでなく部下も背負うことで、その分、成果が出たときの喜びも倍増するわけです。さらにチームをつくるプロセスは、会社を発展させる大きなリソースにもなります。

そんな喜びを数多く体験し、再現できるリーダー・管理職が当たり前の社会になれば、「私もリーダーになりたい、やってみたい！」という若者も増えてくるでしょう。

その流れをつくれるか、逆に「リーダーはしんどそうだからやりたくない」という若者を増やしてしまうか。それは、いまリーダーの立場にいるあなたの働き方次第です。あなたの働き方を見て、部下は将来の自分をイメージします。

人生のマネジメントを考えてみてください。

あなたの人生はあなたにしかつくれません。他人の言う通りにしてしまうと、うまくいかなかったときに他人のせいにしてしまう人生になります。自ら「これが意義のあること」だと考え、納得し、取り組んでいくからこそ「自分で人生をマネジメントできる」のです。その生き方を見て人は「あんなふうに生きていきたい」なんて思うものです。

そういった意味では、リーダー・管理職の仕事も同じですね。

あなたの管理職としての仕事は、あなたにしかつくれません。他人の言う通りにしてしまうと、何かあれば人のせいにしてしまう上司になります。それが、あなたの仕事のスタイルになります。もちろん、逆もまた真なりです。

ぜひご自身で考えて、「最高の上司」としての旅を続けられることを期待していますし、心から応援しています。

本書がそのきっかけになったりお役に立てたりすれば、こんなにうれしいことはありません。

最後に、お世話になっており本書をプロデュースしていただいたランカクリエイティブパートナーズの渡辺智也さん、出版にあたり私の可能性を引き出してくれた編集の大森勇輝さん、成長する姿でいつも勇気づけてくれるみらい創世塾の皆さん、陰で支えてくれる家族、私の心を育ててくれた母、そして天国からいつも微笑んでくれている心の恩師・堀江信宏さんに感謝の意を記して、「おわりに」とさせていただきます。

森泰造

2019年2月

●著者略歴

森　泰造（もり・たいぞう）

（株）みらい創世舎代表取締役。みらい創世塾塾長。人財育成コーチ。西南学院大学卒業後、日本KFCホールディングス（株）入社。年間1000万円超の赤字店舗を1年で黒字化。店長時代着任店舗はすべて増益。モチベーションの下がっていたベテラン店長を1年で日本一に導く。新入社員育成改革を行い2年以内の退職率0%を達成するなど、数々の実績を残す。
独立後は、豊富な体験を礎にNLPや心理学の要素を加え体系立てた、主体性を発揮させるオリジナルの人財育成理論を確立。ケンタッキー時代と合わせて5000人以上をコーチング。現在、マスコミ、IT、美容、アパレル、介護、メーカー、建設、学校、役所など、さまざまな分野で、生産性向上と働く豊かさ実現のために、リーダーシップを発揮できる未来の人財育成に奔走し、その活動範囲は国内だけでなく海外にまで及んでいる。著書に『ケンタッキー流部下の動かし方』（あさ出版）。

企画協力：ランカクリエイティブパートナーズ
編集協力：中川賀央

最高の上司は、何も教えない。

2019年２月15日　第１刷発行

著　者　　森 泰造
発行者　　唐津 隆
発行所　　株式会社ビジネス社
〒162-0805　東京都新宿区矢来町114番地 神楽坂高橋ビル5階
電話　03-5227-1602　FAX　03-5227-1603
http://www.business-sha.co.jp

印刷・製本／三松堂株式会社　〈カバーデザイン〉中村聡
〈本文組版〉野中賢（システムタンク）
〈編集担当〉大森勇輝　〈営業担当〉山口健志

ISBN978-4-8284-2071-4